社会主义核心价值体系建设

"双百"出版工程

项 目

/100位

新中国成立以来感动中国人物/

孔祥瑞

王新英 刘 宇/著

★

吉林文史出版社

前　言

　　每个人的心中都多少有一点英雄情结，都向往英雄、景仰英雄。也正因此，在中华人民共和国建国六十周年之际，由中央十一部委联合组织开展的"100位为新中国成立作出突出贡献的英雄模范人物和100位新中国成立以来感动中国人物"的评选活动中，群众参与投票总数近一亿。这其中的每一张选票，都表达了人们对英雄模范的崇敬之情，寄托着对伟大祖国的美好祝福。

　　一个民族不能没有英雄，否则这个民族就不会强大。当国家危难之时，懦弱者选择了逃避、妥协甚至投降，英雄们却挺身而出，用热血捍卫民族的尊严，人民的幸福。在创立和建设新中国的伟大历程中，涌现出无数可歌可泣的英雄模范人物。他们之中，有为了民族独立和人民解放而英勇牺牲的革命先烈，有为了党和人民的事业而不懈奋斗的优秀共产党员，有在全民族抗战中顽强奋战、为国捐躯的爱国将士，有英勇杀敌的战斗英雄和革命群众，有积极从事进步活动的著名民主爱国人士和国际友人……他们是民族的脊梁、祖国的骄傲，是激励全体人民团结奋斗的精神力量。

　　《100位新中国成立以来感动中国人物》丛书，就像一部星光璀璨的英雄谱，真实、完整地记录了英雄模范人物不平凡的一生，再现了他们非凡的人格魅力和精神世界。舍身堵枪眼的黄继光，拼命也要拿下大油田的王进喜，中国原子弹之父邓稼先，新时期领导干部的楷模孔繁森……一串串闪光的名字，一个个动人的故事，犹如群星闪烁，光耀中华。

　　当今中国正处于伟大变革的时代，迫切需要涌现出一大批勇于承担历史使命、为祖国和人民奉献一切的先进人物。在"双百"人物崇高精神的引领下，在建设社会主义现代化国家的征程中，必将英雄辈出。

生平简介

孔祥瑞，男，汉族，天津市人，中共党员。1955年出生，现任天津港煤码头公司孔祥瑞操作队党支部书记。

孔祥瑞参加工作40年来，坚持边干边学，学以致用，把"死"知识变成"活"知识，把"活"知识变成真本事，逐渐由一位初中文化的工人成长为生产一线的"蓝领专家"。他几十年如一日，把岗位工作当作课堂，把技术改造当作课本，在生产实践中注重学习与摸索。为尽快掌握设备性能与操作技术，他每天都把技术资料带在身边，有空就背，背完再到设备前对比了解。经过不懈的努力，他不仅克服了自身的"知识屏障"，而且练就了"听音断病"的一手绝活，成为"门机大王"和"排障能手"。多年来，他从一个岗位换到另一个岗位，干一行，爱一行，钻一行，成一行。近年来，由他主持的技术创新项目220多项，先后取得"电缆卷筒防出槽下滑保护装置改造"和"大型散货取料机走行防碰撞保护装置改造"等10项国家实用新型发明专利，为企业节约增效过亿元。2009年，他主持完成的"降低皮带机万吨故障时间"攻关项目，把皮带万吨接卸故障时间降低近六成，填补了我国港口系统设备接卸煤炭的一项技术空白。他是中共十七大、十八大代表，被授予全国劳动模范、全国优秀共产党员、全国十大高技能人才楷模、全国道德模范等荣誉称号。

1955-
[KONGXIANGRUI]

◀ 孔祥瑞

目 录 **MULU**

知识工人有力量（代序）

　　不管是什么时代，朴实的劳动者始终是社会的中流砥柱。在现代化科技高速发展的今天，不仅那些付出汗水的劳动者值得尊敬，那些挥洒汗水的同时还贡献智慧的劳动者更加值得尊敬。

　　作为天津港的第一代门机司机，他高大的身躯在百级台阶上攀爬了30年；在6公里长的自动化联动传输线旁，他手持对讲机、身披煤尘地巡查了千余个寒暑。他在一线工作40年，主持的技术创新项目220多项，为企业节约增效过亿元，这是一个工人的成就。他，就是孔祥瑞，一名新时期的蓝领专家。

　　自1972年参加工作以来，孔祥瑞先后在天津一公司、六公司固机队、港煤码头公司做司机、任队长，他是伴随着天津港的壮大逐步成长起来的一代产业工人，是在生产实践中成长起来的高技能人才，典型的蓝领专家。

　　他爱岗敬业，具有强烈的主人翁意识。先后荣获了天津市劳动模范、市特等劳动模范、全国五一劳动奖章、全国劳动模范、全国优秀共产党员等荣誉称号。

　　他刻苦钻研，成为名副其实的知识型产业工人的代表、蓝领专家。在六公司他被大家称为"门机大王"，不仅会开所有型号的门机，而且大小故障，几乎是手到病除；在煤码头公司，他解决了许多进口煤炭传输设备的故障难题，又被誉为"排障能手"。

　　他勇于创新，创造了巨大的经济和社会效益。他主持的"门机主令器星形操作法",被天津市总工会命名为"孔祥瑞操作法";他主持的"门机中心集电器"技改项目,2003年被国家知识产权局授予实用新型专利。

在孔祥瑞身上,体现了敬业型和创新型的双重特点,体现了中国工人阶级优良传统与时代精神的完美结合,体现了当代中国工人的主流价值取向。

昔日港口生产肩挑背扛的装卸方式已经被高科技设备所取代,港口生产已向技术型方向发展。要使高科技设备在生产实践中充分发挥作用,必须依靠优秀的产业工人,必须拥有一批孔祥瑞一样的蓝领专家。一流技术、先进设备可以引进,但是有技能的知识型工人和技术人才是无法引进的,只有通过企业培养,通过产业自身努力,才能实现。

在经济全球化、信息网络化的今天,作为在生产实践中成长起来的知识型工人,孔祥瑞及他的先进事迹带给我们一个启示——知识工人有力量,这力量来自于干一行、爱一行、专一行的主人翁精神,来自于共产党员的觉悟。

蓝领专家

→ 青工孔祥瑞

★★★★★

天津港，中国最大的人工港，亚欧大陆桥的东端起点，它犹如一颗明珠镶嵌在祖国渤海湾西端、海河的入海口。

1972 年，17 岁的孔祥瑞初中毕业，尽管成绩优异，他却没有继续求学，而是选择了上班工作。那时，孔祥瑞一家七口唯一的生活来源是在天津卷烟厂工作的父亲每月不到 70 元的微薄工资。即便这样，病痛也使父亲不能过度操劳。作为家中的长子，孔祥瑞的四个弟妹年龄还小，最小的妹妹还不到 7 岁。俗话说得好，穷人的孩子早当家。尽管初中毕业时成绩优异，孔祥瑞还是一心一意地想参加工作，挣钱贴补家用，替父母分忧，减轻家中负担。

上世纪70年代，在校毕业生工作分配还属于老师负责，不是自己选择，所以孔祥瑞并不知道自己将会被分配到什么单位、什么工作岗位。面对自己将来的道路，他没有过多的选择。一天，班主任通知孔祥瑞下午一点半到学校一趟。当孔祥瑞准时赶到学校后，班主任老师告诉他，他已经被分配到塘沽新港，也就是今天的天津港工作，即将成为一名码头工人，而具体的工作岗位是一个他从来都没有听说过的——门机司机。从这以后，孔祥瑞和各种门机打了三十多年的交道，也和港口装卸机械结下了不解之缘。

1972年，天津港为了改善生产条件，从匈牙利进口了三台老式门吊机，结束了肩挑背扛的货物装卸时代。门吊机，就是门式起重机，常常被简称为门吊或门机，是港口作业的主要机械设备。门机的高度一般都要超过60米，跨度在45米左右，操作时可以横跨吊起重达40吨的集装箱，因此码头工人们都亲切地叫它龙门大吊车。

孔祥瑞来天津港报到后，站在码头上，他第一次亲眼看到了门机这个庞然大物，17岁的他面对眼前的这个"大家伙"是一无所知，这就意味着什么都要从头学起。可是，刚一开始孔祥瑞就犯了难，他不安心于门机司机这份工作。原来，门机操作是一项劳动强度大而且单调的工作，这对于年仅 17 岁、稚气未脱的孔祥瑞来说是十分枯燥的，他甚至认为这是一份没有出息的工作。门机操作车距离地面近 30 米高，每次到操作车都要身体在半悬空状态下攀爬宽度不足 45 厘米的百级台阶，更要命的是为了方便操作与观察，操作车四面全是玻璃，孔祥瑞每次坐在里面都不敢靠近玻璃，担心玻璃会掉下去。另外，孔祥瑞的家距离港口码头有 50 多公里的路程，每次往返都要分别换乘火车和公共汽车花费近 10 个小时，为此他要住在职工宿舍里，不能照顾父母、弟妹。工作的枯燥、"危险"，与家人的分离，这些都让孔祥瑞对门机司机这份工作提不起半点兴趣，甚至一度打起了退堂鼓。当时,孔祥瑞曾一度想从港口调走，哪怕在天津干个临时工。是什么让孔祥瑞留了下来，并且逐步成长为日后大家口中称道的"门机大王"、"蓝领专家"的呢? 这要得益于他的师傅——金贵林。金贵林，是一位曾经连续获得三届天津市劳动模范的老码头工人、远近驰名的技术能手。对于孔祥瑞的情绪变化，金贵林是看在眼里，记在心头，他用自己的方法留住了孔祥瑞。

孔祥瑞给师傅的第一印象就是机灵，其次是他身上那股子不服输的劲儿，他认为眼前这个小伙子一定能成为一名优秀的门机司机。这天，师傅叫孔祥瑞来自己家里吃饭，给他改善伙食，师娘在厨房里包着大馅饺子，师徒两

△ 天津港第一代大型门吊司机孔祥瑞

人聊起了家常。聊了一会儿，师傅转了话题，针对孔祥瑞身上那股与生俱来不服输的劲儿，金贵林用起了激将法，他说："目前来讲天津港这个岗位（门机司机）是非常重要的。好多人都想干，你都不珍惜。你得好好干。干好了，别人对你翘大拇指；干不好也别怨人家说你是笨蛋。"话粗理不粗，这简单的几句话让孔祥瑞琢磨了好几天。的确，是金子放哪都发光，不是金子涂金也不亮。另外，师傅金贵林身上那股对学习、对技术的钻研劲儿也深深感染着年轻的孔祥瑞。师傅不仅手把手教他如何操作门机，还不时鼓励他努力学习。从那以后，孔祥瑞排除杂念学技术，认真学习，踏实工作，立志要成为一名像师傅那样优秀的码头工人。

在孔祥瑞事业和命运面临选择的时候，师傅金贵林给了他宝贵的意见，最终年轻的孔祥瑞选择了留下来，并逐步成长为一名优秀的门机司机。俗话说，严师出高徒，金贵林对孔祥瑞制定了严格的"约法三章"。他对孔祥瑞说："第一，我会把我所知道的全部都告诉你，但师傅领进门，修行在个人，将来还是要靠你自己去钻研、去实践。第二，设备出现问题，不要依赖别人，要锻炼自己解决问题的能力。第三，我要求比较严格，不仅是专业技术、劳动纪律、待人接物等方面必须有板有眼。"思想稳定了，工作就更加踏实了，孔祥瑞越学越专，越干越有感情。操作门机是一项熟练工种，开汽车是把握方向盘控制左右量，操作门机是控制操作杆掌握高低。在师傅的严格教导下，孔祥瑞逐渐适应了操作杆，熟练地掌握了门机的操作技法。成为一名熟练的门机司机一般需要学习三年，孔祥瑞在师傅的细心教导下，通过自身勤学苦练，一年多的时间就熟练地掌握了各项技能，并且能够完成许多高难度的操作。这时的孔祥瑞已经由那个刚刚走出校园的小青工，成长为一位合格而且优秀的门机司机。孔祥瑞的成长和进步，师傅金贵林是看在眼里，喜在心头，于是金贵林就和孔祥瑞说准备带新徒弟。孔祥瑞一听就急了，和师傅说："您带谁，我不管，但我还得跟着您。"师傅笑着问为什么，孔祥瑞说："还用问吗？您身上的那些本事我还没学完呢。"

俗话说："师傅领进门，修行在个人。"已经熟练掌握门机操作的孔祥瑞没有止步于此，他又对一般门机司机不太重视的门机说明书产生了兴趣。一有时间他就认真阅读说

△ 逢年过节不忘看望师傅金贵林夫妇

明书，了解门机的构造原理和可能导致故障发生的原因。十几年下来，孔祥瑞不但会开各种型号的门机，而且还能排除各种故障，成了天津港有名的"门机大王"。

每当回忆起自己在师傅金贵林身边的学习经历，孔祥瑞总说的一句话是"自己遇到了一位好师傅"。这么多年过去了，他始终不忘师徒情，即使再忙，每当逢年过节他都要去看望师傅金贵林夫妇，坐上一会儿，陪师傅聊会儿天、看会儿报。

⊕ 过硬的技术

★★★★★

孔祥瑞曾经豪气冲天地说："我敢说，全世界的门机，没有我不能开的，不管是哪个国家的，匈牙利的、意大利的、俄罗斯的……最多给我半天时间。"这并非他口出狂言，而是自身充满自信的表达。

虽然只是初中毕业，但是孔祥瑞通过不懈努力，不仅克服了自身的"知识屏障"，成为了远近驰名的"门机大王"，还练就了一手"听音断病"的过硬技术。1993年的一天，11号门机忽然发出异常的响声，出于保障安全生产考虑，操作队员立刻停机并进行了检查。检查后，维修人员初步判断应该是11号门机的回转大轴承发出的异常声响，但是在场的十多名工程师和技术人员并没有立刻进行拆卸维修。原来，11号门机的回转大轴承单价高达175万。不仅大轴承价格昂贵，而且需要租用海上浮吊对轴承进行维修，租用海吊一个班时的费用就高达30万。如果判断失误，企业将为拆卸轴承和租用海上浮吊承受百万元以上的经济损失，所以在场的工程师和技术人员都犹豫不决，没有将回转大轴承拆卸下来。正在大家一筹莫展的时候，孔祥瑞主动找到总经理史文利，他对总经理史文利说，根据11号门机所发出的异常声响来判断，大轴承应该已经损坏，需要立刻拆卸更换，不然会造成更大的经济损失。在认真听取孔祥瑞的分析之后，出于对孔祥瑞的了解和信任，总经理史文利立刻调来了900吨的海上浮吊，决定拆卸回

△ 听音断病

转大轴承。但是当11号门机的回转大轴承被拆下来的时候，在场的所有人都立刻替孔祥瑞捏了一把汗。原来，当海上浮吊将11号门机的回转大轴承拆卸下来之后，大家发现轴承的正面完好无损，这就意味着孔祥瑞凭声响所做出的判断是错误的，公司将白白支付30万元的海上浮吊租用费。难道"门机大王"也有失误的时候？30万元毕竟不是一个小数目。可是当把轴承翻转过来的时候，在场的所有人无不为孔祥瑞准确的判断所折服，原来轴承背面已经严重损坏，连滚珠都已散落出槽。事实证明孔祥瑞的判断是准确的，如果回转大轴承继续这样"带病"工作，肯定会发生事故，而且造成巨大经济损失。

孔祥瑞"听音断病"靠的可不是什么运气，而是通过工作实践练就的过硬本领。多年以来，孔祥瑞将全部精力都倾注在了心爱的港口工作上，多次放弃学习深造的机会，直到2005年他才读完大专函授课程。"可以没有文凭，不可以没有知识。"虽然放弃了课堂学习的机会，但孔祥瑞并没有放弃学习，始终坚持在实践中学习，将工作岗位当作课堂，将生产实践作为教材，把排查设备故障作为课题，把有一技之长的同事当成老师。就像孔祥瑞自己所说："实践，是我们一线工人的岗位优势；实践中学习，是我们成才的基本途径。"他找来门机设备使用说明，一页一页地看、一条一条地记，直到把一本本厚厚的说明书吃透、弄懂。为了尽快掌握门机性能和操作技术，孔祥瑞每天都将技术资料带在身边，利用上下班的时间阅读、记忆，然后在上班时再到设备前对比了解。除了主动学习，孔祥瑞还有一个法宝，就是一本本记满了工作日志的笔记本。刚刚进港的时候，作为门外汉的孔祥瑞对门机知之甚少，他想起那句老话"好记性不如烂笔头"，于是就把师傅金贵林平时讲的、教的全部记下来，不懂就回家看，慢慢琢磨。时间一长，孔祥瑞就养成了一个记工作日志的习惯。他的笔记本上详细记录着每天设备出现哪些故障、故障原因、维修过程、注意事项等等，不漏掉任何细节。翻开这些外皮已经有些破旧，并且略带有斑驳油迹的笔记本，会看到孔祥瑞写下的密密麻麻的工作日志："4月8日，2号装船机有自动降臂情况，立即进行检查，并考虑加装安全警示设备；4月10日，2号装船机液压缸不便于检查，考虑尝试将其移动位置；4月20日，堆取料机下料口承载托筒经常被块煤冲击，使用寿命降低，要马上加装防撞网格……"40年来，这样的笔记本孔祥瑞记满了30多本。里面不仅记载着许多日后成为技术革新项目的重要内容，而且里面的一字一句也记载着孔祥瑞从一名只有初中文化的普通青年工人如何成长为"门机大王"、"蓝领专家"的心路历程。

对于孔祥瑞来说，工作中遇到的棘手问题也是他刻苦专研技术的一个直接动力。按照孔祥瑞自己的话说，钻研技术是被工作中遇到的难题"逼"出来的。上世纪80年代，随着经济的发展，天津港的货物吞吐量急剧增加，由于设备装卸能力有限，压船是经常发生的事情。当时已经身为门机队长的孔祥瑞掌管着18台门机，这18台门机是那时天津港货运生产的核心力量。最让他担心的事情就是门机出现故障延误正常货物装卸，影响生产进度。俗话说得好，怕什么来什么。一天，正在为一艘大型货船装卸货物的门机发生了故障。从找到维修工，到维修工赶到现场，再到修复设备，一共花费了整整8个小时的时间。这8个小时里面，看着码头上堆积如山的货物，面对焦急的货主和船主，身为门机队队长的孔祥瑞心急如焚。"这8个小时，急得我跳海的心都有。"8个小时的时间逐渐流逝，港口的生产因此受到了相当程度的损失。这件事情对孔祥瑞的触动很大，他深深感到，再先进的设备如果不能驾驭它，就是废铁一堆。作为当代工人，自身具备的知识适应不了自己所操作的先进设备，就要被先进设备所淘汰。他下决心一定要把维修技术学好、用精，否则不仅没脸当好门机队长，也不配做一名合格的当代工人。对于只有初中文化的孔祥瑞来说，这不是件容易事。但是，俗话说得好："世上无难事，只怕有心人。"孔祥瑞首先将全队所有门机的基本性能和基本参数都背下来，做到烂熟于心，然后再将这些生硬的理论结合到生产实践中去。不仅如此，每次专业维修工人来码头进行维修时，他总是缠着人家问这问那。维修工人都无奈地说："孔队，你要是都学会了，还要我们干吗！"听到这句话，孔祥瑞乐了，他心想："我的目的就是永远不用请你们。"

随着天津港的快速发展，港口装卸设备的更新速度不断加快，老设备刚刚掌握，新的先进设备就又引进了。为了尽快掌握并熟悉先进设备的使用方法，孔祥瑞还为自己量身定做了一套"专学专用"法。这套"专学专用"法的核心就是所学的东西，必须跟设备需要和实际操作联系起来。孔祥瑞边学边对照，不懂的问题，就问、就学，结合设备特性和实际操作，他先后学习了力学、机械原理、液压、电工学等方面的知识。孔祥瑞所获得的国家级发明专利成果、被生产厂家应用于新产品中的技术创新项目，以及在专业刊物上发表的论文，都跟他的"专学专用"有关。按照孔祥瑞自己的话来说："因为'专学专用'是一线工人的岗位优势。"

就这样，孔祥瑞边干边学，并且学以致用，不仅知识面越来越宽，而且基础越发扎实，他把"死"理论变成"活"知识，再把"活"知识变成真本领。勤奋学习，加上长时

△ 年轻时的孔祥瑞正在刻苦学习，钻研技术

期实践经验积累，孔祥瑞吃透了门机的"脾气秉性"，逐渐从一名只有初中文化的青年工人成长为生产一线的知识型产业工人，完成了由普通门机司机到"门机大王"的转变。

→ 新岗位，新挑战

★★★★★

2003 年底，天津港新组建了煤码头公司，与此同时孔祥瑞也告别了工作十多年的六公司，被调往煤码头公司操作一队担任党支部书记和队长的职务。为满足新组建的煤码头公司生产需要，公司引进了价值 8 亿元的世界最先进自动化联动传输设备。这条有着上万个皮带轮的运输线长 6 公里，上面有翻车机、堆料机、装船机、取料机，孔祥瑞今后的工作就是保障这条世界上最先进的自动化联动传输设备正常运转。

孔祥瑞上任的第一天，公司总经理史文利就和他一起来到码头。总经理史文利指着他们面前长龙一样的进口自动化联动传输设备，对孔祥瑞说："8亿元人民币的设备，交给你了，维护好了，它干起活来是个巨人，维护不好，一根电线断了它比死人还难弄。"话虽简短，却字字说到了点子上。眼前这套先进的自动化联动传输设备和孔祥瑞熟悉的门机截然不同，它完全是由电脑自动化控制，因此无论是操作还是维护都比机械化操作的门机要难得多，技术含量也大得多。对于和门机打了三十多年交道的"门机大王"孔祥瑞来说，煤码头公司操作一队队长这个职务，不仅是一个全新的工作岗位，也是严峻的考验和挑战。

在当时，进口大型设备的使用和维修，不仅是摆在孔祥瑞和操作一队全体队员面前的一道难题，也是困扰其他引进进口设备企业的瓶颈问题。上任之后，孔祥瑞立刻着手对这套"洋设备"的脾气秉性做了详细了解。进一步了解后，让孔祥瑞大为震惊，这套进口设备不仅整体价格昂贵，就连更换一个零部件动辄都要几十万元。面对如此"厚"的家底，他备感责任重大。为了保证集体利益、确保生产正常进行，早已过了不惑之年的"门机大王"再一次和自己较起了劲——"在码头上干一天，就不能让人家说不行，不想让新的设备淘汰，就得不断学习。"面对新的岗位、新的挑战，孔祥瑞迎难而上、不断摸索，用了一

△ 自动化煤炭装船设备

年的时间就与这套身价过亿的"洋设备"建立了深厚的"感情"，在掌握设备使用性能和操作原理的基础上，制定了一系列保养标准和规定，提出了"航空式保养"理念，建立了《专人专机保养制度》，同时还制定了《安全生产十必须》。

孔祥瑞并不满足单纯的维护和保养，《专人专机保养制度》和《安全生产十必须》也不是一纸空文，必须落在实处，很快，孔祥瑞在队内开展了现场设备"三必改"活动，动员全体队员开动脑筋，开展技术创新活动。

孔祥瑞说："咱是操作工人，但不能只会操作，要敢于和善于革新改造设备缺陷。"孔祥瑞提出的"三必改"就是：不利于生产的必改；存在安全隐患的必改；不便于维修保养的必改。孔祥瑞这样做的原因很简单，他说"维修、抢修固然要紧，不让问题发生，不当救火队，才是真功夫！"就这样，在孔祥瑞的带领下，煤码头公司一队的员工们在生产中先后发现并改造了"洋设备"存在的 50 多处大小缺陷，获得了比原设计更好的使用效果，他也因此多了一个"排障能手"的称呼。

　　转接塔耐磨板的改造就是这 50 多处改造之一。高高耸立在煤码头上的 4 座转接塔是运输煤炭的重要设备，它将煤炭从港口码头连续不断运输到停靠的船舶上。大小各异的煤块以每小时 6000 吨的流量经由 2.2 米宽、16 毫米厚的皮带被传送到转接塔，因此转接塔挡板上的耐磨板就直接暴露在煤炭的高速冲击之下。由于受到煤块长时间的高速冲击，耐磨板经常受损，一旦受损的耐磨板掉落到皮带上就极容易割裂塔下的传输皮带，造成更为严重的后果。为了确保生产安全需要经常性大范围更换，而更换耐磨板操作时间长，危险性大，更换一块就需要工人在高出地面20 多米的半空中进行长达 30 分钟的作业。对设备使用安全极其敏感的孔祥瑞立刻意识到这是一个必须排除的隐患。发现问题，就要解决问题。通过查看转接塔挡板结构图和对耐磨板现有抗压、抗热性能进行试验，他发现原设计未考虑大块煤作业的情况。随后，孔祥瑞和队里的技术骨干们经过反复设计和试验，最终选择在耐磨板上加装厚度为 15 厘米的网格，利用作业时网格内存储的积煤，缓解大块煤对母板的冲击。加装网格后，耐磨板每平方厘米所承受的冲击力热摩擦值由未安装网格前的每平方厘米 80 焦耳下降到每平方厘米 40 焦耳。

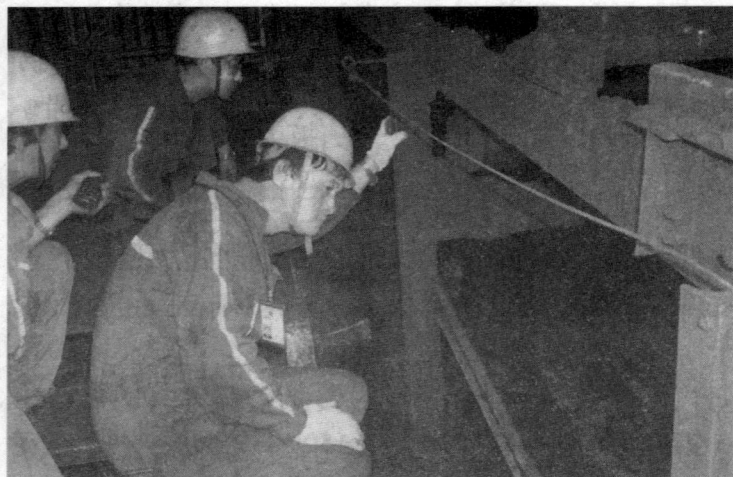

△ 带领工友对煤炭运输皮带系统进行检查

冲击力热摩擦值的降低，大大延长了耐磨板的使用寿命。从2005年4月1日实行改造以来，转接塔的挡板再没有发生一例损坏事故，真正实现了耐磨板"零更换"，仅此一项改造每个月就为公司节约材料费3600元，节约维修时间9个小时，多运输煤炭5.4万吨。更为重要的是避免了维修工高空作业，保障了人身安全。

转接塔耐磨板的改造成功，进一步增强了孔祥瑞改造、完善"洋设备"的信心和决心。从那以后，他又带领队里技术骨干先后进行了1号装船机伸缩溜车程序改造、装船机急停改造、驱动台减速箱呼吸器改造等数十项技术革新。单是2006年上半年，孔祥瑞完成的20项技术改造就为企业节支增效达到2000多万元。虽然离开了自己熟悉的门机岗位，但是面对进口的"洋机器"，昔日的"门机大王"照样能解决大问题。在此后的两年多时间里，孔祥瑞这位"土专家"又根据生产实际需要先后对这套价值8亿元的"洋设备"进行了五十多项革新改造，这些革新改造不但保证了整套设备的正常运行，而且提高了设备使用效率，创造出了巨大的经济效益和显著的社会效益。

有记者采访孔祥瑞时，每当问到是怎样的知识水平和技术实力支持着他的自信时，孔祥瑞朴实而有力地回答道："咱们中国工人绝不能做洋机械的奴隶！国际上再先进的设备在不同的地区环境中、不同的气候条件下，也有不尽人意的地方。作为一个操作工人，也许没有能力把进口的大设备进行整体改造，但是可以结合工作实际，在一些小环节上解决问题，通过技术创新让操作更便捷、更安全、能耗更小，也能为企业、为国家创造更大的效益，这同样是创新。"

⊕→ 荣誉等身

★★★★★

孔祥瑞是伴随天津港建设发展而成长起来的新时期知识型产业工人。1994年以来，孔祥瑞先后获得了来自国家、天津市等各方面的荣誉，可谓荣誉等身。孔祥瑞先后9次被评为天津市"八五"、

"九五"、"十五"立功先进个人。1999 年，荣获"天津市劳动模范"称号；2000 年，获得"天津市特等劳动模范"的殊荣；2001 年，孔祥瑞荣获当年"全国五一劳动奖章"；2005 年，被授予"全国劳动模范"称号；2006，获全国五一劳动奖章。2006 年，荣获当年"全国优秀共产党员"称号。2006 年国庆节前夕，"全国高技能人才工作会议暨第八届中华技能大奖和全国技术能手表彰大会"在北京隆重召开。9 月 26 日，孔祥瑞光荣地站在表彰大会领奖台上接受国家授予他的"第八届中华技能大奖"，这是他继全国劳动模范、全国五一劳动奖章、全国优秀共产党员等称号之后国家再一次给予他的至高荣誉。已经荣誉等身的孔祥瑞，无论走到哪里，他还是喜欢这样介绍自己——"我是一名普通工人。"

随着孔祥瑞"蓝领专家"先进事迹在各大媒体上的报道，他经常受到其他单位的邀请进行演讲或者接受访谈，但是只要没有外出安排，孔祥瑞依然会准时地出现在码头，身披煤尘、手持对讲机在长达 6 公里的自动化作业线上进行着巡查。荣誉对于孔祥瑞来说是压力，更是动力。他说："我觉得这些荣誉是对我的认可，也是对我的鼓励，同时也是对我们团队的鼓励，荣誉越多，鼓励越多。在工作上只做了我应该做的，也尽了我应该尽的责任。可是党和人民给了我很高的荣誉。"在工作中，孔祥瑞把每一次荣誉都看成一个新的起点，仅仅在 2006 年到 2008 年的两年时间里面，孔祥瑞就又和队员们完成了 50 多项科技成果，获得 4 项专利，累积为企业创造效益 2000 多万元。天津港将孔祥瑞确定为"港口工人的坐标"，号召大家向他学习。面对荣誉、赞扬、掌声与鲜花，孔祥瑞坦诚地说："我是个工人，干不出什么惊天动地的大事，不过就是一种责任感，把企业的事当成自己的事，一点一滴地做，忠诚老实地做，最大限度地做。"

有人曾经不解地问孔祥瑞，你当了这么多届的全市劳模，甚至全国劳模，身上已经满是荣誉和光环，为什么还是如此兢兢业业？孔祥瑞说："过去先进不代表现在先进，现在先进不代表永远先进。"2006 年 4 月 26 日，中共天津市委发出了《关于开展向孔祥瑞同志学习活动的通知》，2007 年 4 月全国交通系统开展了学习孔祥瑞活动；与此同时天津港也举办了"学习劳模，创十佳员工"活动，要求大家与自己心目中的孔祥瑞找差距，学习孔祥瑞，学习劳模精神。在这些活动中，孔祥瑞也自觉地融入其中。当有人不解地问他为什么自己要学习自己时，孔祥瑞幽默地说："我既是孔祥瑞，又不是孔祥瑞。"接着他解释道："某种意义上，孔祥瑞是大家心目中知识型、技能型职工的代表，是大家学习的榜样，也是我学习的榜样，是我永远前进的动力。"

至今，天津港还流传着一段孔祥瑞两让技师名额的佳话。有一年，公司评工人技师，全公司一共有五个名额，孔祥瑞领导的固机队获得了一个名额。孔祥瑞的技术在公司是出类拔萃的，而且论资历、论年龄，他都符合要求，大家都认为孔祥瑞是理所当然的获选者。作为队长他没有考虑自己，而是首先推荐了当时固机队的副队长张天海。在向上

△ 孔祥瑞获得的各种荣誉证书

级领导说明情况时，孔祥瑞说张天海不仅技术过硬，而且年龄比自己大，自己以后还会有机会。上级考虑到孔祥瑞的贡献和水平，就为固机队多争取了一个名额。这次孔祥瑞还是没有想到自己，而是又将这个名额让给了队里的另一名技术骨干金学智。这次他的理由更加"充分"，金学智是队里的技术骨干，自己是队长，评选工人技师应该先考虑技术骨干。最后，公司领导经过争取，又给他们队增加了一个名额，那一年孔祥瑞的固机队同时有三人获得工人技师称号。孔祥瑞为什么会这样做，他的女儿孔莹莹给出了我们一个最好的回答，她说："我从爸爸的一言一行中渐渐地读懂了他，那就是，我的爸爸爱心无限，他热爱自己的岗位，把工作当事业干；他爱自己的生活，觉得人生其乐无穷；他爱身边的同事，爱家里的亲人，爱所有需要他奉献爱心的人。是这种真挚的爱，使他乐于奉献，不图回报。"

2008 年，国人百年奥运梦终于实现。2008 年 8 月 1 日这天，天津港五洲国际集装箱码头上空飘扬着五星红旗和奥运五环旗，天津市"祥云"火炬传递的第一棒将从这里开始，平日里机器轰鸣的码头一时间成了人们欢乐的海洋。上午 8 点，孔祥瑞身着火炬手运动服、手持"祥云"在响彻长空的"中国加油！"和"奥运加油！"的欢呼声中，揭开了天津市火炬传递的序幕。2008 年 8 月 3 日，

◁ 孔祥瑞在传递奥运火炬

孔祥瑞将"祥云"火炬捐赠给了天津博物馆，他说："成为北京奥运圣火天津传递第一棒火炬手，是党和人民赋予我的崇高荣誉。这个荣誉不仅属于我个人，更属于1100万天津人民。我要把具有特殊意义的第一棒火炬捐赠给天津博物馆珍藏，让更多的天津市民分享北京奥运的光荣与梦想。"

火炬传递的过程虽然短暂，但孔祥瑞再次为"更快、更高、更强"的奥运精神所深深感染，也更加激励他在今后的工作中发挥自己的聪明才智，为加快天津滨海新区开发开放做出贡献。

革新能手

→ 实践与革新

★★★★★

孔祥瑞常说："咱是操作工人，但不能只会操作，要敢于和善于革新改造设备缺陷。"作为一名技术工人，如果没有创新，没有大胆的思路，就有可能给国家造成巨大损失的。孔祥瑞每天巡查门机的每一个角落，从中发现问题，通过经验进行技改、技修。

当有人问起孔祥瑞为什么会创造出如此之多适用于生产的技术革新与发明的时候，他的回答很简单——生产需要。"我不是发明家，更不是科学家，我就是一名生产一线的操作队长。当这个家，就得对企业负责，保证完成生产任务，保证设备的完好率。如果没有这个前提，许多发明和创新我可能根本想不到，当然也就做不到。"一直工作在生产一线的孔祥瑞，他完成的每一项技术革新都是紧密与生产相结合的。

2006年1月4日，冬日清晨的寒风一阵阵掠过天津港煤码头。孔祥瑞结束了每日例行的生产线巡查刚回到办公室，急促的电话铃声就响了起来。

"孔队，取料机备用电缆抻断了，系统停机！"

听到事故报告，孔祥瑞顾不上巡查后的疲惫，放下电话就冲出了办公室，赶往事故现场。停机可不是小事，停机就要误工，误工就会耽误进港船舶的装运时间。很快，停机原因就被查明了。发生故障的这套进口取料机在设计时没有考虑天气因素，所以当气温低的时候，会导致电缆表面结冰，电缆直径也就因此增加，超出卷筒半径，尤其在电缆冷热收缩过程中最为明显，极易发生电缆拉断危险事故。由于这种情况的发生带有很强的季节性，所以在当初设计的时候被忽略。煤码头公司使用的专业化堆存和取装系统设备，是沿固定轨道移动来实现货物的堆存和取装，其动力来源就依靠着一条条6000伏的高压电缆。所以，电缆表面结冰可不是个小问题。维修过程中，身旁的员工告诉孔祥瑞以前也曾发生过三次同样原因的故障。听完这些，孔祥瑞没有"头痛医头，脚痛医脚"地简单维修机械故障了事，他认为如果不从根本上解决这个问题，将会给生产带来巨大影响。

当天，他就和副队长贾铁柱在内的技术骨干一起研究解决办法。经过仔细分析、认真研究，他们在正对电缆卷筒槽的左上方、右上方分别安装滚轮头行程开关和防出槽压轮，当电缆卷筒内电缆尚未达到卷筒外径边缘时，继续缠绕电缆将拨动行程开关使其动作，开关串联到电缆卷筒机侧控制急停上，这样就可以造成设备急停，以保护电缆。如果行程开关失灵，电缆继续缠绕，将接触防出槽滚轮，达到机械止挡作用。这两项看似简单的开关，彻底解决了冬季电缆表面结冰的问题。这项被命名为"取料机卷筒防出槽机电改造"的技术革新，每台设备的研发和安装费用仅3000元左右。别小看这区区的3000元，却为企业累积了上千万元以上的效益。

孔祥瑞所在的煤码头公司一共有11台

堆存和取装系统设备，装有动力电缆筒和控制电缆卷筒 22 个。自 2001 年堆存和取装系统设备投产以来，共发生电缆脱落 16 起，因缺少相应保护报警装置而造成电缆拉断事故 2 起。而当"取料机卷筒防出槽机电改造"技术投入安装后，冬季电缆没有再出现出槽现象，而且当逆止器失效电缆脱落后设备能够立刻停止，避免了电缆损坏事故发生。仅避免电缆损坏一项每年就为企业节约了 100 万以上的维修成本，如果考虑停产损失累积

△ 与队内技术骨干探讨电机过热解决方案

效益则达到 1700 万元以上。

小小的革新，让电缆损坏事故不再发生。其他像 1 号装船机伸缩溜车程序改造、装船机急停改造、驱动台减速箱呼吸器改造等等，都是孔祥瑞生产实践与技术革新相结合的成果。在一次又一次发现问题、思考问题、解决问题的过程中，孔祥瑞的技术革新道路与生产实践紧密地结合，并且一步一步攀向高峰。

➜ 小革新，大效益

★★★★★

孔祥瑞常说："作为当代产业工人，不仅要靠汗水来建设国家，更要靠科学技术创造财富。"他不仅是这样说的，也在实际工作中不断实践。

1995 年 8 月份的一天上午，孔祥瑞所在的六公司接到了"大船抢水"的紧急任务。"大船抢水"这个词对于大多数人来说是陌生的。"抢水"是码头、港口的一句行话，意思就是大型船舶在航道水深不够的情况下，趁着涨潮进出港口来避免搁浅情况的发生。可以毫不夸张地说，"抢水"就是抢时间，是一场与时间赛跑的"硬仗"。就在孔祥瑞带领同志们与时间赛跑的关键时刻，队里的 12 号门机却偏偏发生故障。12 号门机是一个高达 57 米，重达 320 吨的庞然大物，故障发生在这个庞然大物的回转大轴承支撑面上，支撑面上出现了一条 1.5 米长的裂纹。别小看这条仅仅 1.5 米长的裂纹，它对于 12 号门机来说好比是人体腰椎上出现了骨裂，"病情"十分危险。如不立即修复，将严重影响"抢水"进度，进而输掉这场与时间的赛跑。通常情况下，要把重达 168 吨的门机上盘抬起，需要使用海上浮吊，可是此时海上浮吊正在南海作业，即使租用海上浮吊也要等上两个月的时间。在与时间赛跑的这场比赛中，租用海上浮吊肯定是来不及的。看着码头上等待作业的大型船舶，孔祥瑞心急如焚，他决心依靠自己长期的积累和实际工作经验来解决眼前这个棘手的问题。海上浮吊是将门机上盘抬起后实施维修，能不能换个角度想办法呢？能与吊起上盘达到一样的效果就是顶。要将门机顶起，需要首先解决门机底座旋转不能均匀受力的问题。经过反复揣摩和相关数据计算，孔祥瑞决定把法兰盘以上的门机旋转外齿圈作为上支点，同时研制了焊接在大法兰盘下的顶升支座，作为固定的下支点，这样就解决了门机底座旋转不能均匀受力的难题。随后，10个单个承压 30 吨的千斤顶被运到了重达 168 吨的门机下方。顶升支座被用作千斤顶的下支点，一边松法兰盘螺丝一边顶升，就这样 1 毫米、2 毫米、1 厘米、2 厘米……慢慢地门机上盘被顶了起来，抢修工作得以顺利开展。随着时间指针的转动，9 个小时的时间过去了，不仅门机被修复可以正常使用恢复了生产作业，同时一项名为"新型顶升支座技术"的港口门机专用修复技术也应运而生。

2003 年底，孔祥瑞离开了熟悉的门机，来到煤码头公司担任操作一队队长。孔祥瑞走马上任之后，也将他这种革新精神带进了自动化联动传输这个原本他并不熟悉的新工作领域之中。担任操作一队队长之后，每天孔祥瑞都会手持对讲机、顶着纷飞的煤尘在长达 6 公里的自动化联动传输生产线上巡查，及时发现问题、解决问题，确保设备的正常生产。在日复一日的巡查过程中，孔祥瑞先后发现了许多设备上原有设计的缺陷，经过他的"小革新"后，设备发挥了比以前更好效率的同时，也为企业创造了大量财富。

一次，码头上的一台装船机在运行中发生了故障，皮带后边根部的托辊掉了 8 个。孔祥瑞询问赶到现场的技术工程师后知道，托辊脱落现象经常发生，一旦脱落就会影响装船机正常工作，影响生产。事后，孔祥瑞通过仔细研究发现，装船机的伸缩大臂前后运动时，是滚筒进煤压弯托辊导致其脱落。发现问题根源之后，孔祥瑞就在容易进煤的托辊卡板处多焊了块铁，卡住了的托辊再也没掉过。

煤码头公司的翻车机承担着接卸到达运煤列车的任务，每列车 54 节，翻车机一次翻倒两节。翻车机每摘钩一次，可以翻倒出 2 节车厢重达 120 吨的原煤。在设计上，列车摘钩是通过一个相互垂直的杠杆，带动液压轴完成的。由于垂直杠杆为一次压膜成型钢件，使用时应力集中，易损坏且维修费时费力，每月平均停机 20 次左右，直接影响卸车效率。孔祥瑞通过仔细观察和认真研究，利用力学原理找到了"缓冲杠杆自身承受应力"和"简化维修更换程序"两个突破点。他将垂直杠杆改成可活动的三节式，不仅缓冲了杠杆承受应力，还延长了摘钩杠杆使用寿命，并且拆装灵活，便于维修更换，使维修更换一次杠杆的时间由原来的 3 小时缩短至 15 分钟。这项技术革新应用到生产中后，节省卸车时间已达 1800 小时，多接卸列车65700 节，接卸原煤 320 万吨，为企业创造了上千万元的经济效益，而它的研发仅仅用了两个月，花费不足 2000 元。

孔祥瑞的另一项"装船机落料口加丝杠改装"革新项目，每月创造经济效益达 36.9

△ 和工友们交流技术改造心得

万元。一次，孔祥瑞在巡查生产线路时发现装船机作业时经常会出现传送皮带跑偏，触动警报器自动停机的现象。停机不仅影响正常生产，而且维修后重新启动要消耗大量电能，不利于节约能耗。为了彻底解决传送皮带跑偏的问题，孔祥瑞一连几天在 55 米的装船机上爬上爬下，站在煤星四溅的落料口细心观察，终于发现了问题所在。原来，装船机送料皮带在传动时，煤炭随着皮带转速所带来的冲力进入落料口，由一级挡料板反射至二级挡料板后落入装船机悬臂皮带时角度偏颇导致皮带跑偏。解决这一问题的关键在于用来调节二级挡料板角度的调节杠，孔祥瑞从转接塔捣料板中得到启发，将调节杠更换为丝杠。调节杠更换后，在满足了角度调节需要的同时，不再需要停机调节，既省时又节约了能耗。

对于自己这些源于工作实践的技术革新，孔祥瑞常常说："都是小药治大病。"确实，孔祥瑞的这些技术革新非常简单，从技术上来讲，有的只是在原来的机器上增加了一个小螺丝，有的不过是对操作方法做一个小的改动，但却可以使设备最大限度地发挥作用。正是因为这些外行人看起来简单的小改动，却使码头工人在工作中使用机器更安全、更顺手，也更加节约了宝贵的时间，创造出更为可观的经济效益。根据不完全统计，仅 2000 年至 2006 年的 6 年时间里，孔祥瑞主持开展的技术革新项目就达到 50 多项，累积为企业创效 6200 万元。2007 年，攻克"大型机械走行防碰撞装置"难题，创效 181 万元；主持研制的"大型机械电缆防出槽技术"获国家实用新型发明专利，创效 990 万元。

→ 15.8秒创造出的财富

★★★★★

2001 年，天津港吞吐量冲击亿吨，作为当时全港最大的装卸公司，孔祥瑞所在的六公司承担的作业量达 2500 万吨以上。

六公司装卸作业以煤炭为主，门机是完成生产任务的主力。公司拥有 18 台当时世界先进的 40 吨大型门机，被称为"18 条好汉"。为完成 2500 万吨以上的作业量，这 18 台门机所承担的任务总量要增长 30%。孔祥瑞在天津港六公司固机队就具体负责这 18 台门机的日常养修工作，实事求是地说，六公司能否完成 2500 万吨的"军令状"，要看这 18 台门机的生产效率如何，而门机的生产效率如何就要依赖孔祥瑞领导的六公司固机队了。

孔祥瑞和固机队为了完成"军令状"，18台门机和队员们是人不停机不歇，全天候作业。即使是中午吃饭，也不停工，机器照常运转，工人吃饭半小时，队长就顶上去。人还是这些人，机器还是这些机器，如何从这里挖掘潜力呢？人是已经达到极限了，那只有从眼前的这18台门机上找突破。有着一股子拼劲的孔祥瑞天天站在门机下面，天天琢磨着如何能从这18台门机上再挖掘潜力，提高生产效率。2001年3月的一天，天津港码头的海风还十分寒冷，孔祥瑞站在货船上，近距离观察门机的生产情况。忽然，他发现门机抓斗放料时升起动作会有短暂的停滞。这是因为门机抓斗在放料时，纵向斗瓣先打开，然后横向斗瓣打开，一前一后间就产生了这个十多秒的停滞。这个不易被人发现的停滞现象，被有心的孔祥瑞发现了。同时细心的孔祥瑞还用秒表计了时,这个短暂的停滞大约有16秒左右。16秒，也许这就是提高生产效率的关键。

如何利用这宝贵的十多秒创造更多的价值、提高更高的效率呢？首先要弄懂操控线路的工作原理，为此孔祥瑞在门机机房里面一待就是一整天，仔细观察、记录。功夫不负苦心人，在现场观察、记录和比对资料分析之后，孔

△ 孔祥瑞优秀操作奖牌

祥瑞终于找到了突破口，他发现改变门机现有工作动作要从改造门机的"大脑"——主令控制器入手。凭着自身对门机的熟悉，孔祥瑞把抓斗起升、闭合控制点合二为一，并将主令控制器手柄移动轨迹由"十"字形丰富成"星"形，在抓斗打开和提升的两个轨迹之间增加一个新轨迹，让上述两个动作沿新轨迹，用一个指令同时完成。就这样，"门机主令器星形操作法"问世了。一周时间里，孔祥瑞带领队里技术骨干对18台门机进行了改造，实践表明，每台门机一次节省15.8秒，每台门机平均每天多装卸480吨。2001

年，孔祥瑞所在的固机队先后 8 次刷新生产纪录，全年完成生产任务 2717 万吨，不仅大大超过预订指标，还为企业创效 1620 万元。

2002 年，"门机主令器星形操作法"被天津市总工会以孔祥瑞的名字命名，称作"孔祥瑞操作法"，成为天津市职工十大优秀操作法之一，并在全行业推广，取得了巨大的经济效益。

⊙→ 革新动力

★★★★★

孔祥瑞虽然先后完成了 220 多项技术革新和发明，但他总是说："我不是发明家，更不是科学家，我就是一名生产一线的操作队长。"作为工作在生产一线的产业工人，他的这些创新和发明，都是为了生产需要。作为一队之长，孔祥瑞十分看重自己的职责所在，他说："当这个家，就得对企业负责，保证完成生产任务，保证设备的完好率。如果没有这个前提，许多发明和创新我可能根本想不到，当然也就做不到。"

20 世纪 90 年代中期，正值天津港快速发展阶段，港口装卸任务非常繁重，孔祥瑞和他的队员们夜以继日地奋战在日新月异的港口上。1995 年发生的一件门机事故维修，深深地触动了孔祥瑞的内心，燃起了他对技术改造的热情。当时，孔祥瑞已经是天津港六公司固机队队长，掌管着公司装卸生产的 18 台大型门吊机。一天，正当货物装卸最忙碌的时候，6 台刚刚引进的新型门机像事先商量好似的同时出现了故障，集体"罢工"。门机停工，焦急等待的货主只能无奈地看着码头上堆积如山的煤炭和停靠在码头的船舶。这下可急坏了孔祥瑞，他赶紧查找故障原因。原来这 6 台刚刚引进的新型门机在设计上存在缺陷，操作工人还未对新设备的构造原理深入了解，没能及时发现和采取措施，所以导致了设备全面瘫痪、集体"罢工"。经过 12 个小时的紧张抢修，故障终于排除了，门机恢复了运行。故障虽然解除，危机虽然化解，但是这件事情却让孔祥瑞久久难以释怀。自己在先进设备面前成了"奴隶"，被这些冷冰冰的机器牵着鼻子走。孔祥瑞下定决心，以后绝不能在新的设备上光流汗，成天抢修，成天忙活。一定要用自己所学知识和实践经验改造机器设备上的缺陷，使它们更好地服务于生产。但是，这对于只有初中文化水平的孔祥瑞来说，不像说起来那么容易。从这以后，只要一有时间，孔祥瑞就会找来所有使用设备的说明书，一页一页地抠，不懂就问，不明白就查资料。此外，每次设备出现故障进行维修后，他都会把原因、修理过程等细节记录在笔记本上，认真地研究、琢磨。就这样，日复一日，在不断的学习和实践摸索中，孔祥瑞渐渐摸透了这些设备的原理和使用方法。

在这个过程中，孔祥瑞也从一名普通的门机司机成长为一名"革新能手"。孔祥瑞完成的这些技术革新项目成果使他所带领的天津港码头操作一队的机械设备管理水平上处于全国港口同行企业中领先水平，机械设备使用率始终保持在85.4%以上，车质完好率达97.8%。

每当有人问起孔祥瑞搞技术革新是为了什么，他说"咱得把它（设备）改了。改完以后，不再坏了，大家才能多收入，多挣钱，家里头生活水平也就提高了。""还有一点，就是我干活不能'栽面'，不能让领导不满意，大伙看不上。"他的简单的回答虽出人意料，但更在情理之中，话里话外

△ 孔祥瑞与工友抢修设备

透着一个长年与海风、门机相伴的码头工人特有的质朴气质。就是在这种质朴思想的引领下，孔祥瑞在技改、技革方面投入了很大的时间和精力；正是靠着这份执着和热情，他和队友们完成的这些技术革新项目，都成功地应用于生产实践，取得了良好的效益。

曾有一位记者问孔祥瑞："孔队，你失败过吗? 你考虑过失败的后果吗? "事实上，孔祥瑞和队员们的每一项重大革新成果都并非一蹴而就，都要经过多次试验，才最终取得成功。面对一次次成功之前的失败，支撑他一步步走过来的，除了要解决工作中难题的执着精神，还有天津港良好的工作环境。天津港"发展港口，成就个人"的企业文化理念所营造出来的鼓励创新、宽容失败的技术革新氛围，使孔祥瑞革新没有后顾之忧，扎实地在革新道路上一步步前行。

榜样的力量

→ 劳模精神

★★★★★

作为天津港的第一代门机司机，孔祥瑞在距离地面50多米高的门机上攀爬了30年。2003年担任操作一队队长以来，他又在6公里长的自动化联动传输线旁巡查了千余个寒暑。40年的生产一线工作经历使孔祥瑞患有严重的滑膜炎，上级领导和队里的同志们出于关心，都劝他不要每天都坚持巡查现场。每当听到领导和队员们关心和劝慰的话语，孔祥瑞总是说："我作为队长、党支部书记，要及时发现问题、分析问题，并且解决问题，而要做到这些就必须到现场。"1号、2号装船机是煤码头公司煤炭装船作业的主要设备，也是孔祥瑞所在操作一队的重点养护对象。每天巡检的时候，从皮带使用到机油温度，从电气保护到机械声响，每一处细节孔祥瑞都认真检查。正是在他一次次认真巡查过程中，不断发现问题、解决问题，确保了码头生产的正常运行。

孔祥瑞作为一队之长，在最苦、最累、最危险的时候，他总是冲在最前面，起着模范带头作用，率先垂范。一次，煤码头大机滚筒出现了故障，公司机电科闻讯立刻派出 6 名技术人员到现场检修。但是要检修滚筒故障，首先要把滚筒从大机上取下，可是当时现场没有专业吊具，面对巨大的滚筒，在场的技术员都犯了难。孔祥瑞闻讯赶到现场，在了解情况后，他说："不管怎么样，维修的计划不能耽误。没有吊具，咱用人抬也得给抬下来，我就不信，咱 7 个大活人抬不下这个滚筒！"说完，他就钻到滚筒下面，将肩膀顶到滚筒下方。见此情景，在场的技术员们几乎是同时冲到了滚筒下，蹲在孔祥瑞身边，硬是用人力将滚筒顶了起来，确保了维修的顺利进行。

孔祥瑞的家住在天津市区，距离港口有 50 多公里，往返一次要几个小时，但只要接到队里的电话，孔祥瑞都会立刻赶到港口，奔赴现场。一次，孔祥瑞到山东日照港出差期间，码头的装船机因遭到船舶碰撞发生倾斜，出现

△ 干在前、抢在先是孔祥瑞一贯的工作作风

险情。副队长龚庭刚和贾铁柱闻讯后立刻赶到现场进行抢修，同时将情况通知了远在日照的孔祥瑞。得知消息后，心急如焚的孔祥瑞立刻处理完事务返回天津。已经离家多日的他，没有回家，而是立刻赶到现场，指挥抢修，一干就是两天，直到装船机恢复正常工作。

自从当上值班队长以后的几十年里，无论是元旦、春节、国庆还是中秋，孔祥瑞都会主动放弃休息，坚守在工作岗位上，将合家团聚的机会让给队友。当有人问起孔祥瑞，为什么这些年一直坚持节假日坚守岗位的时候，他朴实地回答道："刚参加工作的时候，就是想多挣钱。后来国家富强了，企业也发展了，我越来越觉得，人这一辈子只有创造更大的价值，为社会多做一些贡献，活得才有价值。"

2002年中秋节，时针慢慢指向4点半，一天的工作即将结束。孔祥瑞透过办公室的窗户向港口上眺望，想起了在家中等待自己的妻子和女儿。长年以来，孔祥瑞总是将举家团聚的机会让给别人，节日里自己坚守在生产一线。对于妻子、女儿来说，什么时候能让他陪家人吃顿饭，简直和买彩票中奖一样难。忽然间，孔祥瑞的思绪被一阵急促的电话铃声打断。话筒那边，伴随着轰鸣的门机作业声传来了副队长王树理急切的声音："1号门机顶端钢丝绳出槽了！"1号门机正在作业的是发往广东电厂的急用煤。接到王树理的电话后，孔祥瑞的第一反应是：钢丝绳出槽，意味着煤炭装船作业将要停止。此时港口的维修工人已下班，无奈之下王树理只好把电话打到队里求援。"我马上到!"孔祥瑞毫无迟疑地回答道。放下电话,孔祥瑞一溜小跑来到了1号门机事故现场。"孔队,您自己来的?"在现场的副队长王树理问道。"今天过节,让大伙儿都回去,我来修!"孔祥瑞边说边要迈上门机扶梯,却被王树理拦住:"上边危险,您在码头上干了一天了,这次我来……""就是因为危险,才是我上!"孔祥瑞说话的声音不大,却十分坚定。从门机底部到顶部有50多米高,上百级台阶,孔祥瑞为了赢得抢修时间,直接迈上了随海风而轻微摇动的门机阶梯上,全然忘记了自己的两个膝盖里都是积液,但是阵阵钻心的疼痛却在分分秒秒提醒他。门机最顶部有一个被铁护栏围起1米见方的操作台,那就是维修人员的工作区。王树理知道要将1号门机顶端钢丝绳复位,如果是1个人操作难度大,而且是高空作业,具有一定危险性。因此,王树理随后也抓紧扶梯护栏攀了上去。两个人挤在1米见方的平台上开始了抢修。王树理一只手紧紧抓着护栏,一只手吃力地指挥另一部门机把 1 号机出槽的钢丝绳受力端抬起。门机顶部随着海风摇晃，站稳都十分困难，而且还要伸出手来拉绳将钢丝绳复位，难度可想而知。情急之下，孔祥瑞顾不上危险，一双大手紧紧抓住钢丝绳往怀里拽。此时，门机顶部随着钢丝绳的反作用力越晃越厉害，孔祥瑞的上半身悬在平台外，用尽全身力气硬是将钢丝绳拉回滑轮位置。钢丝绳很硬，挂在滑轮上不吃槽，让风一吹，又向平台方向倒来。孔祥瑞又俯下身，把右腿从平台的护栏伸出，用脚顶住离槽越来越远的钢丝绳，慢慢向槽够去。他要用脚把钢丝绳踩进槽里，一次、两次、三次……晚上 9 点，硬邦邦的钢丝绳在孔祥瑞不懈的努力下终于成功复位。码头上、门机下，船方、货主得知故障修复、门机正常运转的好消息，个个笑逐颜开，而一轮明月不知何时已经挂在了港湾上空。

➡ 主人翁精神

⭐⭐⭐⭐⭐

孔祥瑞常说："我是天津港的建设者，更是天津港腾飞的受益者，作为新时期生产一线的共产党员，必须以主人翁的强烈责任感在自己岗位上干出一流业绩，体现共产党人的先进性。"

2000 年夏天，6 号门机起升大臂出现抖动现象，严重影响正常作业，经维修人员初步判断应该是变幅螺杆发生故障。6 号门机的变幅螺杆的螺杆与螺母间隙过小，起升大臂快速涨幅时两者摩擦热量过大，产生抱死现象使大臂抖动。码头立刻找来专业维修公司，但是维修公司所提出的方案都不尽如人意，而且更换整个变幅螺杆需要花费 180 万元的巨资。当时的 180万相当于一个中小企业一年的利润。每耽误一小时，公司就要蒙受巨额损失，眼看大好的生产形势要因为门机无法正常作业而白白浪费，这时孔祥瑞主动请缨找到公司老总。他当面立下"军令状"，一定会将变幅螺杆维修好，保障生产进行。孔祥瑞爬上门机边看边听，一处一处地仔细排查。当他打开轴承室外壳时，发现螺杆缺油。孔祥瑞当即判断大臂抖动的原因是螺杆缺油导致摩擦过热膨胀，造成了螺杆抱死抖动。孔祥瑞发现这是机器设计上的一个缺陷，即便更换螺杆，同样的故障还是会再次发生。于是，孔祥瑞利用油泵制作了一个润滑系统，焊接在门机上以便确保螺杆表面不再缺油。这样一个看似简单的小改造，不仅一次就为公司节省了 180 万元的维修费用，而且还弥补了设备自身的缺陷。

调到煤码头公司之后，工资没有增加，责任却比以前大，孔祥瑞丝毫没有怨言，依然一如既往地拼命工作。面对新的工作岗位、新的机器设备，他眼不闲、腿不闲，脑子更不闲，查找问题，解决问题，为企业节约增效而努力着。他常说："问题多解决一个，企业生产就多一份保障。"煤码头公司在每年入冬前，都要对 7 台大型机械的喷淋除尘装置进行积水排空，以防止冬季喷淋用水冻结损坏设备。

大量残留在皮带沿线水槽里的喷淋用水都来不及充分利用便被排空，对此孔祥瑞看在眼里，疼在心里。2005 年，孔祥瑞针对冬季作业特点展开技术攻关。经过仔细研究，他发现只需对设备稍加改动不仅可以节约大量喷淋用水，还可以解决困扰冬季作业的除尘问题。于是孔祥瑞带领操作一队的队员们对 BM1、BM2 皮带线路进行改造，加装 BD1、BD2、BQ1、BQ2、BDQ 共 5 台水槽排空水泵，使排出的水可直接输入洒水车用于现场喷淋，实现了水资源的二次利用。经测算，对 7 条皮带的改造共节约用水 1200 余吨，为公司节约资金 15000 余元。与此同时，还实现了粉尘治理、设备保养、降低成本三方面的共同收益。

2005 年 10 月，堆取料机和 2 号取料机的头部滚筒磨损造成皮带跑偏，导致取料机无法作业。更换取料机滚筒是一件难度极大的维修工作，由于皮带包裹滚筒，找不到更换切入点，甚至专家也认为更换该部位的滚筒几乎是不可能完成的任务。即便是花高价聘请专业维修公司，也不一定有人敢接下这一高难度的维修工作。在这种情况下，孔祥瑞再次主动请缨，承担下了这件"不可能完成"的任务。孔祥瑞翻阅图纸、列出参数、仔细研究，光是维修方案的图纸就画了厚厚的一摞，最终拿出了一套巧妙而实用的更换方案。方案制定完成，孔祥瑞带领队员们仅用了 5 个小时就顺利完成由拆卸到更换的整个过程，不但完成了专家眼中"不可能完成"的任务，还为企业节约了至少 5 万元维修费用。

孔祥瑞心系企业，不放过任何能为企业节约增效的机会。有一次孔祥瑞因公到上海出差，在宾馆休息时偶然遇到一位找人走错房间的访客。在简短的交谈过程中，孔祥瑞了解到这个人是国内某脉冲编码器制造厂的代表。巧合的是，煤码头公司使用的该型号产品是由国外进口的设备。事后，孔祥瑞邀请这位制造厂代表到天津港来考察，为煤码头公司提供进口设备的国产替代设备。经过双方多次研究、设计和论证，煤码头公司最终采用该厂生产的设备替代了原来的进口设备，这样每台脉冲编码器就节约资金 3 万多元，仅此一项就为公司节省资金近百万元。

天津港将孔祥瑞确定为"港口工人的坐标"，号召大家学习他以企业为家的主人翁精神。当问及孔祥瑞数十年如一日，以企业为家，甘心奉献的动力源泉时，他说："我是个工人，干不出什么惊天动地的大事，不过就是一种责任感，把企业的事当成自己的事，一点一滴地做，忠诚老实地做，最大限度地做。我们天津港企业文化的核心价值理念是'发展港口，成就个人'，只有企业发展好了，工人才有前途，国家才能富强。"

孔祥瑞强烈的主人翁精神，影响着他周围的每一个人。有一次，孔祥瑞所在固机队的一名员工因公外出学习。当一同去学习的学员在澡堂洗澡时，别人都是习惯性地开着水龙头打肥皂，只有他时刻注意关上水龙头，节约用水。其他学员见状十分好奇地问他，是如何养成这种良好的习惯的，他骄傲地说："我们孔队长平常就是这么要求的，随手关灯，注意节水，全队在孔队的严格要求下都是这样做的。"

➔ 工人发明家

★★★★★

　　1999 年的夏天如期而至，一如既往的烈日毫不留情地照射在没有遮蔽的码头上，把宽阔的码头烤得无比炙热。午后，钢筋水泥浇筑的码头散发着灼日的热浪，钢铁铸造的大型门机早已被烈日炙烤得如同烤肉的煎板。7 月，码头进入了暑期煤运高峰，繁忙的码头上停满了等待装舱的巨轮，一台台大型门机也一刻不停地运转着。

　　7 月 1 日下午 3 点，被烈日炙烤了快一天的码头在缓慢散发着阵阵热气，作业现场地面温度已达到了让人难以忍受的 40℃。码头工人们依然专注于自己手中的工作，个个都打着十二分的精神。正在这时，在码头的最西端，忽然闪过一道亮光，随之而来的是一声振聋发聩的闷响。只见1号门机拦腰处冒出一股浓烟。原来，1号门机中心集电器突然烧毁，导致门机滑环短路，停止了作业。现场的浓烟还未散去，固机队值班室的电话铃就响起来了。是队长孔祥瑞打来的。

这天，孔祥瑞并不在单位值班，而是前往职工培训中心参加港口电工等级证书培训课程。下午3点，培训课程一结束，他就习惯性地给固机队值班室打了个电话，询问生

◁ 孔祥瑞与金学智、马会军获得国家知识产权局颁发的实用新型专利证书

产情况。说来也巧，就正赶上 1 号门机出现事故。不在单位的时候，孔祥瑞心里也总牵挂队里生产情况，总是要习惯性地打个电话询问详情才放心。用他自己的话说，只有这样晚上才能睡个好觉。

值班室里接听电话的正是副队长王树理。听见听筒那边传来孔祥瑞的声音，他的内心很矛盾，孔祥瑞家住市区，离单位有 50 公里。这个时间让他知道门机故障，他肯定是赶不上回家的车；可出于岗位职责，发生事故是不能隐瞒不报的。

"孔队，1 号门机滑环短路了，我们正在抢修，您放心，我们一定不耽误煤炭装船作业，您安心回家！"

"门机出事我哪能不在，等我！"

此时，已经是下班的时间，放眼望去都是人们结束工作纷纷出港回家的身影，唯独孔祥瑞向港口码头方向奔去。码头最西端的事故现场，虽然因滑环短路引起的火情已经扑灭，但 1 号门机机房内还是不时冒出丝丝青烟，一种因胶皮燃烧而产生的焦味也夹杂在海风中迎面扑来。

要进行维修必须进到机房内更换滑环，发生事故的门机机房里面几乎是封闭的，被烈日炙烤了一天之后内部温度高达 50 多摄氏度，就像一个大烤箱。别说进去，就是在边上站一会儿，人都会感到热浪袭人。不但如此，由于刚刚扑灭火情不久，一股难闻的焦煳味依旧弥散在狭小的空间中未能散去，让人有着一种窒息的感觉。为了尽快恢复生产，孔祥瑞没有迟疑，第一个钻了进去，随后张勇健等5名技术骨干跟了进去。查线、纠偏、更换滑环……随着时间的推移，修复工作一步一步开展，机房狭小的空间内，焦煳味越发浓重，空气也越发浑浊。出于安全考虑，孔祥瑞将大家每两人分成一组，交替休息，但整个维修过程中自己却没有休息一分钟。他说："故障不排除，我决不出去！"就这样，孔祥瑞带领着抢修人员一直奋战到第二天凌晨2点，新滑环更换完毕，门机恢复运转。这期间他们饭顾不上吃，也吃不下，但为了补充因炎热导致的脱水，大家只是在不停地喝水，6个人整整喝了5箱矿泉水。

在清晨的阳光下，门机如往常一样运转工作，孔祥瑞的心却像涌动的海潮一样难以平静。门机中心滑环部位的经常性短路，这是一个困扰着天津港乃至全国港口的技术难题。设备出问题，只能出一次，今后一定要避免同样情况的发生，大家的汗水不能白流，他开始考虑彻底解决的办法。

第二天一上班，孔祥瑞就召集队内的技术骨干成立了攻关小组，着手改造中心集电器。但是，当大家坐在一起商量的时候，有人却发出了不同的声音，"这是美国公司的成熟产品，我们几个人干得了吗？"对于这质疑的声音，孔祥瑞内心却是信心十足，他想，只要大家集思广益、刻苦攻关，就一定能够成功。孔祥瑞和技术骨干们一起仔细翻阅资料，深入分析研究，终于查找出门机设计上的三大缺陷：一是同心度不够；二是结构不合理；三是受电器高度过高。针对故障原因，他们开始了设计改造方案。然而革新的道路并非坦途大路，中心集电器的高度、强度、保护等难题被孔祥瑞和技术骨干们一一攻破，但是在整体联接方式上却一时间陷入了研究瓶颈，无法突破。天生有着一股不服输劲儿的孔祥瑞没有被眼前的困难吓退，而是更加主动地思考。一天午饭后，孔祥瑞不经意地观察到一辆进港送货的汽车，解决整体联接方式的办法就在他脑海中忽然蹦了出来。原来，汽车的方向传动轴有比较大的调整范围，正好适合中心集电器的整体联接使用条件。受此启发，孔祥瑞带领着技术骨干着手重新测试、设计。经过三个月的探索攻关，他们一举完成了对门机中心受电器的技术改造项目，从而彻底解决了中心滑环短路的技术难题。不久，这项新技术就被推广到全国同行业中，并且被生产厂家使用，从根本上解决了长期困扰门机生产厂家的这一技术难题。2000 年，由孔祥瑞、金学智、康建桥撰写的论文《M16-33 型门机中心受电器的技术改造》发表在《天津港口》杂志上。2003 年，该项发明被国家知识产权局授予实用新型发明专利。让人意想不到的是，这项产生巨大效益的技术革新的研发资金却只有区区 2000 元而已。

→ 爱岗敬业

★★★★★

　　"你是一个平凡的人，爱岗敬业以港为家……吃苦耐劳是你的本色……"这是天津港工人们自己创作的歌曲《歌唱身边的孔祥瑞》。朴实的歌词，唱出了大家眼中的孔祥瑞。在孔祥瑞的身上不仅有新时期产业工人"知识型"的特点，还有着传统劳模强烈的责任心、使命感和爱岗敬业的"主人翁"精神。这些宝贵的品质也是成就孔祥瑞事业的动力和根基。

　　40年如一日坚守在生产第一线，孔祥瑞高大的身躯上满是伤病。由于长时间在门机台阶上攀爬，孔祥瑞的两个膝盖里面全都是积液，患有严重的滑膜炎。除了腿上，孔祥瑞的左手食指也曾被钢丝绳扫过，现在可以清楚地看到指甲里面有一条深深的疤痕，从指甲延伸到第一指节，指甲已经裂成两半，无法愈合，手指也因此变形。每当提起这些伤病，妻子陈秀惠总是忍不住泪水，但是孔祥瑞却轻描淡写地说："这点小伤不算啥，脚趾差点掉下来咱都没吭声！"

由于工作性质，孔祥瑞需要长年穿着密不透风的连体工作服，盛夏三伏，汗水浸泡着他的身体。2002年，孔祥瑞的腰部长了一个粉瘤。一开始的时候，孔祥瑞并没在意，还是继续上班。可是随着病情的加剧，粉瘤越长越大，并且开始伴着钻心的疼痛，逐渐影响了孔祥瑞的正常行动。在这种情况下，孔祥瑞才到小区附近的卫生院去看病。卫生院的大夫检查完病情后，十分生气地说："你这人咋这样啊，瘤都沤成这样了才来看，必须马上做手术。"孔祥瑞一听，心想：这哪成啊，门机的制动设备方案还没定好呢，于是，就偷偷溜回家来，但是腰部的疼痛依然折磨着他。

第二天一早，孔祥瑞接到公司通知，一周之后他要和公司总经理史文利去河南洛阳参加门机采购订货会，采购门机制动部件。一台大型门机价值千万，是码头装卸的关键设备。孔祥瑞作为天津港的第一代门机司机，在与门机打交道的30年里已经对门机各部件的脾气秉性了如指掌，是公司公认的"门机大王"。新采购的门机将要安装在南9、南10泊位，这两个泊位是刚刚兴建的专业化煤炭作业码头，在装卸设备的配置上具有很强的适用性要求。为了使新采购的门机最大限度地满足未来港口的生产需要，孔祥瑞和员工们一起查询专业化码头煤炭抓斗作业的先进经验，做好了充分的准备工作。

△ 在现场指挥生产的孔祥瑞

7月的洛阳，美景如画，可是孔祥瑞没有驻足停留一分钟去观看这座美丽的城市。为了寻找合适的制动部件，一到洛阳，孔祥瑞和总经理在各参展商之间不停地协商、谈判，忙碌的工作使他忘记了疼痛和腰部的粉瘤。在定购最终完成的时候，腰部传来的阵阵钻心疼痛才让孔祥瑞想起了十余天前就该做的切除粉瘤手术。这时候，细心的总经理史文利发现孔祥瑞有些不对劲，就问："老孔啊，你头上咋老冒汗啊，是不是感冒了？"在史文利的再三询问下，孔祥瑞这才说出了粉瘤的事情。在史文利的催促下，孔祥瑞来到洛阳的一家医院进行治疗。当医生看见他腰部的粉瘤时被眼前的情景吓了一跳，原来孔祥瑞腰部的粉瘤已经感染、溃烂，如果再不进行有效治疗将后果严重。"大夫，您用什么方法都行，只要别耽误我工作，我那儿离不开人呀！"医生必须为病人负责，医生没有理会孔祥瑞的话："没别的办法，只有手术！"在不到1小时的手术时间里，孔祥瑞承受着巨大的痛楚。因为耽误了最佳治疗时间，他腰部创口的溃烂部分需要彻底清除，医生只能用一个镊子夹着纱布在创口反复擦洗，蘸有酒精的纱布在裸露的创口面上的反复擦拭引发了阵阵刺骨的疼痛。术后，孔祥瑞的腰部留下了一道深深的刀口。医生让他卧床或者住院休养一段时间，最后在孔祥瑞的再三"争取"下，医生同意他不用住院，但必须每天更换一次消毒药布。孔祥瑞满口答应下来。可一回到驻地，他似乎忘记了伤痛，立刻全身心地投入到设备选购的论证工作中，直到这次采购工作圆满结束，一块消毒药布竟然三天没有更换。

回到天津后，为了顺利完成门机组件安装工作，孔祥瑞并没有遵照医生的嘱咐在家静养，而是每天和队里的员工一样，顶着炎炎夏日奔波在没有一丝遮盖的码头上。妻子陈秀惠看见丈夫身上的刀口，心疼得直落泪，劝孔祥瑞休息，并且吓唬他说："你这伤口都这样了，不好好休息，万一感染了，得了败血症可怎么办啊？"孔祥瑞却说："门机的部件马上就要安装了，我走不开啊。"妻子看劝说没用，只好给他缝制了一个绷带绑在腰间，用于固定药棉。为了不让大家知道自己的伤情，下班后他不去浴室洗澡，而是在办公室里面搬一把椅子，将脸盆放在椅子上洗头、擦身子、洗脚。但是，这件事还是让大家发现了。孔祥瑞的病情引起了公司领导的重视，总经理史文利"命令"他回家休息，可是却遭到了孔祥瑞毫不迟疑的拒绝。"门机的部件马上开始安装了，这个时候我无论如何不能离开一线呀！"最终还是上级"妥协"：孔祥瑞每天仍旧上班，但是出于健康考虑，他只能留在队部，更不能去现场。一周之后，采购回来的门机制动设备安装完毕，试运行显示良好。获知这一振奋人心的消息后，史文利拨通了固机队队部的值班电话，电话另一端的话却让他眼眶湿润。"孔队在现场调试门机，这几天他和我们奔来跑去，真的累坏了……"队部的值班员这样说道。

后来，当记者采访孔祥瑞时，问他靠着什么样的信念忍着疼痛坚持工作，孔祥瑞憨厚地笑了一下说："我就是一个普通工人，我就要做好我的本职工作，完成领导交给我的任务，别的我嘛也没多想。"

→ 传承赓续

★★★★★

孔祥瑞作为天津港第一代门机司机，经历了港口的成长、成熟和发展。作为一名天津港培养起来的蓝领专家，他总在思索除了干好本职工作外，还能为港口的发展做出什么贡献。孔祥瑞刚刚参加工作的时候，作为天津市劳模和技术能手的师傅金贵林毫无保留地将技术教授给了他，将孔祥瑞领进了门机的世界，师傅的无私教授带给了孔祥瑞很大的启发。在培养年轻职工方面，孔祥瑞以师傅金贵林为榜样，率先垂范，言传身教，常常鼓励和支持队里的青年职工要多学技术、多学知识，不断提升自己，并且尽量给予大家帮助。

1994 年，天津水运技校毕业的任强来到固机队，学徒期满后成为了一名普通的维修工。在孔祥瑞言传身教的影响下，任强感到要做好本职工作需要掌握更多的维修知识，认真好学的任强通过努力考上了塘沽职工大学机电一体化专业专科段。得知任强考上职工大学的消息后，孔祥瑞十分高兴。每当任强在学习中遇到解决不了的问题去请教他的时候，他都会耐心地举实例来说明，让任强便于理解、一听就会。很快，学习的喜悦被忙碌的工作所冲淡，原来因为工作倒班的缘故，任强的上课时间总是无法保证。当孔祥瑞得知这一情况后，他主动找到任强，首先鼓励他一定要克服困难坚持学习，同时对他的工作时间进行了重新调整，使任强的工作班次尽量不与他上课的时间相冲突。甚至有好几次，为了不耽误任强上课，孔祥瑞亲自代替他上夜班，为他争取到宝贵的学习时间。孔祥瑞对任强说："我们那个年代，是想学但学不成。我们学不到的东西，我一定要让你学到。"功夫不负有心人，经过 4 年的不懈努力和用功学习，任强顺利读完了机电一体化专科课程，在业务水平和技术方面都有了很大的进步，原来自己眼中看起来像迷宫一样的电路图看得懂了，维修门机也变得得心应手。孔祥瑞和他说的那句"知识改变命运"，他始终牢记在心。后来，他又报考了天津大学成人教育部机电一体化本科段课程。对学习上瘾的任强为了看懂进口门机设备的英文说明书，在进修本科课程的同时，又自学英语。通过坚持不懈的刻苦学习，在工作中积累了实践经验，任强逐渐成长为一名合格的电器设备技术人员。2002 年，任强在公开竞聘环节中脱颖而出，走上了公司大型设备技术主管的工作岗位。每当提起孔祥瑞对自己的帮助，任强都格外激动，他说："孔队对待同事们像亲兄弟一样，体现出一个'情'字。我觉得，我要干不好工作，也辜负孔队对我的希望。"

孔祥瑞不仅为年轻人创造学习的机会，还善于在工作中指导年轻人。1994 年，康建桥从武汉水运工程学院港口机械专业毕业后，来到了天津港。出于对孔祥瑞的仰慕和好奇，他主动请缨来到固机队，成了孔祥瑞手下的一个"兵"。作为当时固机队里面唯一的大学生，孔祥瑞对他照顾有加，每次设备出现故障需要维修时，都会叫上康建桥，让他参与排除、维修，在实践中尽可能多地增加他的工作经验。一次"油泵反装案"就使刚刚参加工作的康建桥领悟到了理论联系实际的重要性。一天，六公司的8号门机油泵发生故障，负责维修工作的康建桥第一时间赶到现场进行抢修。可是4个小时过去了，8号门机却依然没有恢复工作，而此时一艘货船正在码头等待卸货。正在康建桥一筹莫展的时候，孔祥瑞赶到了现场。在简单询问情况之后，孔

△ 对年轻工人进行耐心辅导

祥瑞十分认真地指着润滑油泵说："就是油泵的问题！把它拆了，换个方向装上去！"此话一出，康建桥立刻发表了质疑："孔队，我是按照油泵上面的旋转箭头方向装上去的。"孔祥瑞笑着说："试一试就知道了。"将信将疑的康建桥将油泵拆下，倒换方向后安装上去，合闸后，果然润滑系统恢复正常，8号门机也正常运行了。原来，门机油泵在出厂时旋转箭头方向标反了。孔祥瑞拍着康建桥的肩膀说道："这就是在课本里学不到的实践经验！"

孔祥瑞传授给年轻人的不光是技术，他还将老一代工人的精神财富一并传了下去，善于做年轻人的思想工作。康建桥参加工作后，作为队里唯一科班出身的技术人员，强烈的优越感使得刚刚走出校园的他越发年轻气盛，因此和周围的队员产生了隔阂，导致一度情绪低落。孔祥瑞看到这些，就找机会和他拉家常，安慰他说："我以前也遇到过这些问题。唯一的办法就是，把你的技术抓起来，把自身的优势表现出来，别人就会高看你，你也就能和大家融在一起了。"孔祥瑞的鼓励让年轻的康建桥茅塞顿开，化解了心中的疙瘩。在孔祥瑞的悉心培养下，康建桥不仅业务技术越发精湛，他还凭借自身扎实的理论知识和专业英语水平，翻译了大量国外资料，将这些先进的技术和科研成果与队里的队员们一起分享，共同进步。

孔祥瑞对青年人的关爱不仅局限于港口码头，2008年他来到天津海运职业学院。在那里，孔祥瑞为学院师生讲述自己的成长历程，用切身经历告诫在校同学要做一名有知识、懂技术、爱劳动的当代技术人才。

　　2008年，一本名为《系统设备故障维修指南》的书成为天津港使用和维修人员们案头必备的书籍之一。这本书是孔祥瑞和队员们多年积累下的有关机器故障现象、解决办法和维修过程的心得和实例。只要是码头设备出现故障，员工们拿着这本书就肯定能找到解决的办法，对症下药。2009年，作为孔祥瑞和队员们向祖国60周年华诞的献礼，重新修订的《系统设备故障维修指南》出版问世。

和谐团队

→ 自己管自己最高明

★★★★★

1981 年，26 岁的孔祥瑞当上了值班队长，虽说还是工人，可是这就意味着今后他不光要埋头苦干，还要学会管理。1998 年，孔祥瑞担任六公司固机队队长；2003 年底，他调往煤码头公司操作一队，担任队长、党支部书记职务，成为 108 名队员的领导。俗话说，5 个手指伸出都不一样长短，更何况是人。管理如此庞大的队伍，需要的不仅是头脑，还有技巧和关怀。"我这个人，爱面子。你得让职工服你，但不能对职工吆五喝六的，咱学历不如人家高，要是别人都行，你不行，能行？打铁还得自身硬。"如何做好基层管理工作、如何安全生产、如何营造出和谐氛围，是孔祥瑞经常思考的问题。

通过长时间的摸索与思考，他创造性地发明了"九字"管理法。这九个字分别是正、样、新、放、优、严、情、暖、强。对这九个字，孔祥瑞的解释是这样的：思想建设，追求一个"正"字；恪尽职守，干出一个"样"字；管理理念，注重一个"新"字；明责授权，把握一个"放"字；培养骨干，坚持一个"优"字；落实制度，狠抓一个"严"字；思想工作重在一个"情"字；关心职工，体现一个"暖"字；队伍建设，突出一个"强"字。他不仅创造性地发明这"九字"管理法，而且在实践中不断运用、完善。

2003年底，孔祥瑞调任天津港煤码头公司，到刚刚组建的操作一队担任队长。面对新人员、新设备、新任务，孔祥瑞上任伊始首先开展以"三个转变，三个增强"为内容的思想教育，使这支新组建的队伍在思想上得到统一，凝聚力得到增强，迅速进入了工作状态。2004年，他又在队中开展了以"脑勤想到位，眼勤看到位，嘴勤说到位，腿勤查到位"为主要内容的"四勤四到位"素质教育活动，从整体上提升了队伍的工作质量和工作水平。

孔祥瑞坚信"一句表扬胜过一万句批评"，他在对待工作中出现问题的职工时，不是以简单的罚来解决问题，而是从提高职工自身主人翁意识着手，依靠自身将公司的各种规章制度落实到岗。2009 年，孔祥瑞在全队开展了"人管人最笨，制度管人二笨，自己管自己最高明"的活动，提升了职工自我约束、自我管理的意识。说到这项活动的发起，还有一小段插曲。2009 年的除夕夜，孔祥瑞和往年一样依然在码头上值班。当晚 10 点多，孔祥瑞和值班队长在码头现场巡查，发现 1 号堆料机虽然在运行，但却没有司机看管。直到走了三个场地，孔祥瑞他们才找到那名当班的司机，随同的值班队长刚要大发雷霆就被孔祥瑞制止了。孔祥瑞没有责问司机为什么擅离职守，而是和他聊起了家常。原来，这名年轻的司机正处在热恋阶段，刚刚女朋友打来电话，所以离开了堆料机。知道原委后，孔祥瑞也没有责罚他，而是说："我给你提个建议好不好? 以后对象再来电话你就说等我把设备安排好了,我给你打过去。"接着他又说道："现在女孩子对男同志的要求首先就是事业，一旦出问题，既赔偿又处分的……"听到队长如此贴心的话语，小伙子顿时明白了自己的错误，连忙说："孔队，以后我再这样您就严肃处理我。"事后，孔祥瑞特别留心对小伙子的观察，看看他是否在今后的工作中兑现自己的承诺。和小伙子自己承诺的一样，他不仅自己没有再出现工作失误，还及时检查出三项事故隐患。从这件事情上孔祥瑞大受启发，他认为让员工自己管理自己最好，也最有效。不久，孔祥瑞就在全队开展了"人管人最笨，制度管人二笨，自己管自己最高明"活动。在近一年的时间里，活动取得了良好的效果和反响。

原天津港煤码头公司操作二队的副队长张天海，是一位与孔祥瑞一起工作了三十多年的老同事。当谈起孔祥瑞的时候，他说："我们哥儿俩在一起搭班子很多年，从没红过脸，总是互相补台、鼓励。祥瑞批评人、化解矛盾很注意方式，话说得挺幽默，但把问题的要害点得很明确。我想，这其中有语言方面的技巧，但更多的是他能够将心比心，总是设身处地为别人着想。"作为一队之长，孔祥瑞总是能让副职感到工作的快乐，激发他们的工作热情，从而更好地发挥自我管理意识。他常说："正副职之间相互搭台、相互补台，才能够好戏连台。"这句简单朴实的话语中透着一种对别人才能的肯定和重视。为了给每名副职搭建一个展示自我能力的平台，孔祥瑞向上级领导请示，在保证生产不出现问题的情况下，队内的副职处理职责之内的事情。队里的大事要求副职和自己商量，小事就自己办。为了鼓励大家，他常说："你们去干，没问题，如果是我在，未必能处理得那么好，你们比我干得好，处理得真棒。"后来，这句话成为了他的一句口头禅。

孔祥瑞的"九字"管理法打造出了一支思想过硬、纪律严明、业务精湛的队伍。他以人为本，发挥职工自我管理意识的管理模式，营造出了和谐向上的工作氛围。固机队和操作一队都曾荣获各级先进荣誉和"青年文明号"称号，与此同时，孔祥瑞也完成了由普通劳动者到优秀管理者的转变。

⊙→ 贴心的队长

★★★★★

2004 年 9 月，夏秋之交的季节，也是天津港一年中最为繁忙的时候。9 月 3 日这天的早上，刚来操作一队工作不到一年的李金忠像往常一样换好工作服，准备去检查门机电路。忽然，左肩部剧烈的疼痛使豆大的汗珠顺着他的额头滴了下来。李金忠找到孔祥瑞请假看病，孔祥瑞立刻找来汽车将李金忠送往港口医院。没过多久，李金忠从医院回来了，他对孔祥瑞说："孔队长，我没事，是关节病又犯了，我让医院给贴了两服药……"可是话音还未落，一阵说不出的剧痛又从李金忠的左肩部溢出。孔祥瑞凭着直觉感到李金忠身上的剧痛绝不是关节病引发的，看着他捂着胸口的痛苦神情，孔祥瑞想到可能是心脏有问题。

天津泰达心血管病医院，是国内最先进的心脏疾病诊疗中心之一，距离天津港只有 10 公里的路程。孔祥瑞立刻派人将李金忠送到了那里，经过医生的细致检查，李金忠被确诊为急性心脏病，而且病情正在急剧恶化，需要立即手术。在得知李金忠具体病情后，孔祥瑞和几位副队长马上赶到了医院，当看见李金忠家人的时候，孔祥瑞发现他们个个满脸愁容。原来，李金忠的手术费用高达 12 万，他们需要向公司借款用于治疗，但是根据新职工医疗制度规定，借款人必须先交出借款额的 20% 作为抵押金才能借款。这就意味着，李金忠一家要先拿出 2.4 万元之后，才能从公司借到 12 万元的医疗费。可是，不久前李金忠一家刚刚购置了新房，现在根本凑不出 2.4 万元现金。时间不等人，李金忠还躺在病床上等待手术。见此情景，孔祥瑞一方面和公司的领导商量借款事宜；一方面给妻子陈秀惠打电话，让她马上去银行取出自家 2.4 万元存款，从市里坐车送到塘沽来，替李金忠垫付抵押金。其实，"大方"的孔祥瑞也不富裕，久病的妻子已经下岗多年，女儿正在上大学，他的工资是家中唯一的经济来源。但是为了挽救同事的生命，他没有犹豫。

让人遗憾的是，李金忠没能再回到家人和队友身边。接下来的几天里，孔祥瑞一面安慰李金忠的家人，一面帮助处理李金忠的后事。李金忠的去世，对于他们家庭来说无异于家中的顶梁柱塌了，也使这个原本温馨的家庭顿时陷入了困境，孔祥瑞也为失去曾经一起并肩作战的同事而悲痛不已。为了解决李金忠家中的困难，孔祥瑞在全队发起募捐活动，并带头捐献500元钱。短短两天时间，

△ 孔祥瑞到员工家中家访

涓涓暖流汇聚在一起，全队职工共捐款 1.37 万元，为这个忽遭不幸的家庭解了燃眉之急。

李金忠火化那天，操作一队的队员们都赶到了医院，楼道里站满了人。当孔祥瑞来到李金忠家人面前的时候，他的家人跪在地上，连连道谢。孔祥瑞赶紧把他们拉起来，说："老李不在了，但是我们大家都是你们的亲人，有什么困难，尽管说！"此情此景，在场的人都掉下了感动的眼泪。李金忠的家人感动地说："是操作一队这个集体给了我们全家最大的帮助，是孔队长把工人当亲人，老李不在了，但是我们永远感谢同志们，感谢孔队长。"

2011 年，李金忠的爱人送来了第七封感谢信，信上这样写道："七年时间不算太长也不算太短，感谢孔队长和操作一队的全体职工对我们的厚爱给我们的温暖。"在李金忠去世后的七年时间里，孔祥瑞和队里的员工们并没有停止对母女二人的关心，每年孔祥瑞都要带领队里的员工们对母女进行慰问，帮助解决生活中的实际困难。2011 年，李金忠的女儿顺利考取了天津财政大学师范专业，听到这一喜讯后，身在合肥出差的孔祥瑞特意托人给孩子送去2000元钱，并嘱咐她要好好学习。懂事的孩子说："孔大大，我以后一定当老师，我要把所有学生培养成您这样，成为对社会有用的人。"

→ "五必访"

★★★★★

一米八的高大身躯，安全帽下被晒得黝黑的脸上总是不苟言笑。刚刚认识孔祥瑞的人一般都会觉得他很严肃。但是，只要和他接触久了，就会发现孔祥瑞是一位重感情、有爱心的好领导。孔祥瑞经常说，只要是在码头上摸爬滚打的工人都是弟兄，不能让一个工人兄弟过不去。他一心装着员工，尽自己的最大努力为大家解决实际困难，哪怕是最细微的，从为夫妻劝架到解决生活困难。操作队副队长贾铁柱对这点感同身受，他说："孔队身上难能可贵的一点是，对大家从来都是一视同仁，绝不会厚此薄彼。每位职工的困难，他都记挂在心上；大家有什么思想问题等，都逃不过他的眼睛。"

　　杨波大学毕业后分配到固机队工作，他凭借着良好的业务水平很快在工作岗位上崭露头角。杨波与妻子婚后因为暂时没有住房，两个年轻人只好暂时借住在亲戚家中，生活上的诸多不便对杨波的正常工作产生了不小的影响。孔祥瑞得知这一情况后，立刻找到公司领导，经过多方协调终于帮助杨波争取到一套住房。当孔祥瑞将新房钥匙交到小夫妻手中时，两个年轻人感动得说不出话来。解决了后顾之忧，杨波将更多的精力投入到工作之中，也更加热爱这份工作，很快他就成为固机队里面年轻的技术骨干。

固机队的年轻职工王月强，结婚不久小两口就因家庭琐事闹了离婚。生活中意外的波澜使王月强心事重重、情绪低落，严重影响了工作。王月强一副心事重重的样子没有逃过孔祥瑞的眼睛，在仔细了解前因后果之后，他先是做通了小两口的思想工作，然后又亲自到女方家去做长辈的工作。那一天，孔祥瑞因势利导，劝说老人，从下午5点一直劝说到晚上9点多，终于解开了女方长辈的心结，使王月强夫妻俩重归于好。有了稳定的家庭后盾，王月强在工作上也越干越出色。不久，他就在全港工人技术比武大赛中夺得了第七名的好成绩。

一次，队里有一名叫窦冬冬的年轻的装船司机，家中突然遭到变故，父亲脑栓塞昏迷住院，母亲也因过度劳累病倒，妻子则面临分娩。可以说，当时这名年轻的装船司机是一个人顶八个人用，白天上班，晚上照顾生病的父母和待产的妻子。孔祥瑞得知这一情况后，立刻带了两名队里的员工赶到医院，对小伙子说："从明天开始你父亲的事儿就交给我们，你就甭管了。"在接下来的20天里面，队里的这两名同志一直守候在医院，帮助他照顾生病的父亲。不久，司机的父亲病愈出院，母亲病情也有所好转，妻子也顺利生下一个大胖小子。在孔祥瑞和队里同志的帮助下，小伙子一家度过了最艰难的一段时间。

2004年底，操作一队队员苗立国因为胰腺炎住进了医院，手术后他在家休养了半年。根据天津港的规定，职工病假超过三个月就只能拿最低工资，因此苗立国每个月就只能领取到600多元的生活费，除去缴纳的各项保险费用，只能剩下100多元。这些钱对于刚刚大病初愈的苗立国来说，无疑是杯水车薪。正当一家人举步维艰、一筹莫展的时候，孔祥瑞带着全队爱心募集的7000多元钱来到苗立国家。这是苗立国万万没有想到的，因为一年多以前自己刚刚"得罪"过孔祥瑞。那是2003年底，孔祥瑞刚担任操作一队队长不久，他对队里的各个班组进行调整时，想让工作时间较长、工作经验较丰富的苗立国当班长，却被苗立国拒绝了。当时队伍刚刚组建，正是用人之时，苗立国的做法让孔祥瑞很生气，苗立国自己也觉得"得罪"了新来的领导。然而，一年多以后的今天当孔祥瑞将充满爱心的7000多元捐款交到苗立国手中的时候，万般滋味涌上了他的心头，他不敢相信这是真的。他感动地说："我得罪过孔队呀，可孔队还这样照顾我、帮助我，我真是从心里觉得对不起孔队、对不起集体！"病愈后回到工作岗位的苗立国发生了很大变化，他不仅完成本职工作，还主动给自己找活干，积极参加同事、班组献爱心活动。谈起自己转变的原因，苗立国说，孔队和全体工友们在他最危难的时候伸出了援助之手，更用这双手捂热了他的心！

潘海军是队中一名因病内退的老职工，平时治病已经将退休金花费得所剩无几，偏偏又赶上老伴单位效益不佳，一家人的生活陷入了困境。孔祥瑞得知这一情况后，立刻送去 400 元慰问金，随后又在队中发起募捐活动，帮助潘海军入院接受治疗。潘海军病好出院做的第一件事，就是将一面锦旗送到公司，并对在场的年轻职工说："我只后悔上班时做的贡献太少了。你们要跟着孔队好好干，要对得起这样的好集体、好领导。"

孔祥瑞在队里立下一条规矩：队里领导在慰问或走访员工时，凡是被探望的家庭存在生活困难的，任何去探望的同事都不准在其家中吃饭喝水，避免增加他们的负担。规矩定了，就要严格执行，孔祥瑞从自己开始以身作则。2005 年春节前夕，孔祥瑞和副队长龚庭刚带着慰问款，顶着风雪一天走访了队中 6 户困难职工，两人没有喝一口水、吃一碗饭。2006 年，又是一个新春佳节，孔祥瑞和副队长贾铁柱连续慰问了队中的 17 户职工家庭，他们没有在职工家里过多停留，就急忙赶往下一户。

孔祥瑞关心同事、为职工办实事的例子还有很多。数年间，他每年探望患病职工家庭进行家访的次数都不下 60 次；与操作队里的同事谈话交心进行思想交流更是不计其数。队里谁家夫妻吵架了，孔祥瑞主动去调解；遇到谁家办红白喜事，他都会跑前跑后帮忙张罗；年三十晚上，只要队里有职工加班，他会一同陪着。他用自己纯朴的友情、真诚的爱心营造出了和谐的团队。操作一队的队员们都这样说："有孔队这样的好领导，我们工作没有后顾之忧，什么工作只要孔队说一声，我们一准冲上去！"

→ 知识型团队

★★★★★

在天津港良好的企业文化氛围中，孔祥瑞一直在为打造优秀的团队而努力着。俗话说得好："教会徒弟，饿死师傅。"孔祥瑞拥有一身技术却不保守，总是想方设法将自己掌握的技能教授给大家。他说："光队长一个人行不行，要大家行才行。要让职工流汗，也要使职工成才。"因为，孔祥瑞深刻地意识到，对于一个企业来说，只有一个孔祥瑞是远远不够的，只有人人都成为专家，整个团队的技术水平都进步，企业才能腾飞。在队里，孔祥瑞开展"学习风、严格风、团结风、互助风"活动，培养队员们的创新精神和爱岗敬业意识，其中"诸葛亮会议"便是他打造出优秀团队的一个法宝。"诸葛亮会议"，其实就是每个星期五下午举行的点子会和学习会，孔祥瑞有很多技改项目和专利最初就是出自这个自助餐式的学习会议。会议分为两个部分：上半部分是各位副队长总结工作情况并提出工作中遇到的难点和问题。如果这些难点能够当场解决，当事人就按照规定的时间完成；如果这些难题自己解决不了，大家就一起支招；如果当场讨论还不能解决，那么大家回家思考，第二天再接着探讨，直到问题解决为止。会议的下半部分是交流学习，主要学习技术。如果有人对新机器的维护和修理感到有困难，或是原理弄不懂，那么已经掌握的同志就拆开机器讲解分析，直到在场的所有人都弄懂为止。

说起这种学习方式还是缘起一次取料机故障。码头的取料机是一种大型装卸设备。它的旋转长臂可以完成货物的取卸，长臂旋转时可长达 55 米。2001 年的一天，码头上的一台取料机的制动器发生了故障。取料机的制动器是电磁式的，在此之前，就连已经参加工作快三十年的孔祥瑞也没有接触过。于是，孔祥瑞连忙叫来了队里的一名技术骨干，可让人大跌眼镜的是，这名孔祥瑞认为的技术骨干维修了一个多小时也没有修好。事后，这件故障事件引发了孔祥瑞深深的思考。第二天，孔祥瑞让大家把前一天发生故障的这台取料机搬运到了科普车间，把机器盖子打开，大家在一起查找故障原因，搞起了一次现场培训。从这次以后，孔祥瑞就在队内开展了这种自助餐式的培训——"诸葛亮会议"，而每周的周五下午就是自助餐式培训"开课"的日子。他们不用教科书，而是把设备日常工作中所出现的故障、发现的问题和难题作为开展培训的"活教材"，让有一技之长的员工当老师，大家

△ 在"诸葛亮会议"上与工友交流技改心得

哪不会就学哪。后来，天津港集团也参照"诸葛亮会议"这种自学方式在全集团开展"孔祥瑞大讲堂"，让孔祥瑞和一些技术专家为职工开展技术培训。

除了"诸葛亮会议"这件法宝，孔祥瑞在不断的摸索和实践过程中，提出了这样一个十分响亮的口号："把优秀员工培养成党员，把党员培养成技术骨干。"带领团队逐渐走出了一条符合自身特点的人才培养道路。对于这个口号，孔祥瑞做了简单易懂的解释：党员是工人阶级中的优秀分子，遇到工作中的困难不能束手无策，就必须是技术能手，勇于奉献。孔祥瑞首先将技术过硬的大型设备司机提升为班长，把优秀的班长调换到技术岗位，让他们有更多接触、实践技术的机会。经过这简单的工作岗位提升和调转，队里所有的值班队长和班组长都已经是技术骨干员工。这样，整个团队中形成了一种不断学知识、不断学技能，人人争当技术骨干的良好氛围。"把优秀员工培养成党员，把党员培养成技术骨干"这句话，对于孔祥瑞和他所领导的团队来说，不仅仅是一句口号，也是这支团队培养人才的鲜明特点。

　　在他的带动和影响下，全队学习技术蔚然成风，也因此涌现出了许多技术能手，这个集体成为了一支具备高素质的知识型团队。几年来，孔祥瑞的部下有十几人通过夜校学习完成专科、本科学业；有六人通过公开竞聘，走上了公司的管理岗位；有四人分别获得全国劳动模范、全国技术能手、市级、部级劳动模范荣誉称号。可以说是一个"蓝领专家"带动着一个"知识型团队"的诞生。2006年10月22日，孔祥瑞工作的煤码头公司操作一队被天津港正式命名为"孔祥瑞操作队"，这在天津新港开港通航的五十多年的历史上还是第一次。在这支一百多人的团队里，有工程师、高级技师、技术员、高级工，他们各怀技艺，能够独当一面，承担着南7、南8泊位上七台大型装船设备的管、用、养、修任务，是天津港煤码头公司装卸生产的主力军。2008年五一国际劳动节前夕，"孔祥瑞操作队"荣获全国总工会授予的全国"工人先锋号"称号。

　　在提升整个团队素质的同时，孔祥瑞还注意对优秀个人的选拔。他说："对好学上进的青年职工，要积极选苗子、给位子、出点子、压担子，扶持和鼓励他们大胆工作。"操作一队三班的江恒山，原本只是一名普通的维修电工，但是小伙子身上有着一股吃苦耐劳、勇于钻研的精神，这些都被孔祥瑞看在眼里。经过反复考量，孔祥瑞力排众议，将江恒山提拔为值班队长，同时兼任电器主管。随着工作的逐步开展，江恒山的表现越发出色，事实证明孔祥瑞不拘一格的用人观是正确的。

优良的种子如果没有肥沃的土壤，也很难结出硕果。孔祥瑞脚下的肥沃土壤就是天津港各级党组织和集团公司的各级团队。近年来，天津港实施了"把每个员工当作人才培养，把每个岗位当作成长舞台"的战略规

△ 打造团结、和谐的学习型团队

划，先后投入 1.3 亿元用于职工教育培训，全面实施了职工素质工程。可以说，以孔祥瑞为代表的一大批天津港优秀个人和集体就是这一成功规划的结果。与此同时，天津港将孔祥瑞式的专门技能人才与管理人员、专业技术人员共同纳入人才队伍建设目标，推广"首席员工"、"金牌岗位"评聘制度，把员工中技术精、能力强、综合素质高的佼佼者推上领军岗位，设立"特殊员工"奖，培养更多的知识型、技能型的专业技工人才。天津港还建立了一套"技能人才考评体系"，从而健全了技能人才的考评体系和激励机制，每年进行一次 58 个工种的技能鉴定，为一线工人铺设了从初级工、中级工、高级工，再到技师、高级技师的成长通道。搭建"工人人才库"、"技师专家库"以及"青年人才园"，催生了更多孔祥瑞式的优秀人才。天津港技术工人中，高中及以上学历人员，由十年前的 55.3% 提高到现在的 67.4%，高级以上技工由 9% 提高到 16.4%，掌握一技之长的技术工人占操作岗位的 55%，涌现出一批掌握现代科技知识、富有创新精神的技术能手和"蓝领专家"。在天津港开展的"向知识型产业工人孔祥瑞同志学习"的活动中，又先后涌现出一大批掌握现代科技知识、富有创新精神的像孔祥瑞一样的技术能手和"蓝领专家"。

幸福家庭

→ 甜蜜爱情

★★★★★

　　孔祥瑞和妻子陈秀惠两人是从小一起长大的小伙伴，从幼儿园到小学再到中学都在同一所学校，而且还曾经是邻居，用天津的方言叫"发小"，用现在文学化的语言形容是青梅竹马。但是，两个人在初中毕业后一直没有联系。直到有一位老同学向陈秀惠说起了孔祥瑞助人为乐的事情……

　　有一天，陈秀惠遇到一位老同学，两个人唠起了家常。那位同学说："你知道住咱胡同口那个叫孔祥瑞的同学吗? 他跟我姐和姐夫在一个码头上干活儿。我姐和姐夫刚结婚，他们没房子只能还都住在港里的男女宿舍里。这事孔祥瑞知道了，他自己和其他男职工挤到一间宿舍里，硬是给我姐和姐夫腾出了一间房住，你说这人心眼儿多好。"俗话说："说者无意，听者有心。"这时，孔祥瑞黑黑瘦瘦的样子再次浮现在陈秀惠的脑海中。几年不见，当初那个瘦瘦的孔祥瑞会变成什么样子呢？陈秀惠脑海中画出了一个问号。对，去码头看看。转天，陈秀惠来到码头，找到了孔祥瑞。看到码头工人大强度的体力劳动，陈秀惠关心地问道："你在这儿干活儿受得了吗？""习惯了，别人能干我也能干。再说什么活儿不也得有人干吗！"孔祥瑞回答时心里感到一阵暖，这么多年了，除了母亲没人这么问过他。陈秀惠走时，孔祥瑞执意骑车送她到塘沽站，到了车站又特意买了二斤鱼让她带上。陈秀惠不肯，孔祥瑞说："别想那么多，你大老远地跑来看我，冲这我买两斤鱼还不应该吗？"

回到家后，陈秀惠将想和孔祥瑞恋爱的想法告诉了父母，但是却遭到老人的反对。原来，上个世纪七八十年代，天津港的码头工人还主要靠肩扛背负从事着繁重的体力劳动，不仅工资水平不高，而且工作时间长，没有太多时间照顾家人，是份十分辛劳的工作。一些年轻姑娘都不愿意找港口工人。再者，孔祥瑞当时有很重的家庭负担，他在家是老大，下面有两个弟弟、两个妹妹，父亲长年病休在

△ 孔祥瑞、陈秀惠夫妇

家，母亲还没有工作。老人不希望心爱的女儿婚后受苦，所以坚决反对。老人出于疼爱女儿的角度反对，也是人之常情、情理之中的，这让孝顺的陈秀惠进退两难。

可是陈秀惠却认准了孔祥瑞，认准了他的淳朴、真诚。一次，邻居陈奶奶倒灰，孔祥瑞路过，顺手就接了过去，还说："陈奶奶，以后再有事就叫我。"这些，陈秀惠都看在眼里，她对母亲说："平时邻居谁家有事他都管。他对别人都这么好，能对我差吗？"

一天，母亲把陈秀惠叫到身边，有话要说，可欲言又止。原来，陈秀惠未过门的嫂子刚刚被分配到天津港务局工作，母亲关心未来儿媳妇工作单位的好坏，所以想托孔祥瑞帮忙打听一下，但又不好意思直接问，所以就想让女儿给孔祥瑞带话。孔祥瑞得知后，二话没说就答应了下来。第二天正好是自己的休息日，他没有在家休息，而是清早起来就从家里出发直奔塘沽，帮忙打听消息去了，直到晚上还没回来。陈秀惠的母亲知道后，被孔祥瑞的淳朴和真诚打动了，跟闺女念叨着："这孩子真心实，我的意思是他随便给打听打听，没想到这孩子歇班的日子不在家歇着，跑去给咱问事，太让人过意不去了……"

最终，未来的岳父、岳母被孔祥瑞的淳朴和真诚打动了，同意了两个年轻人的结合。1981 年陈秀惠嫁给了孔祥瑞，心甘情愿地当了一名"港嫂"。

→ 夫妻之间

★★★★★

　　从 1972 年参加工作至今，孔祥瑞几乎将全部精力扑在港口上，妻子瘦弱的肩膀承担着家中的一切，支撑起这个上有老下有小的家：小到洗衣、做饭、打扫卫生，大到维修水暖，甚至家用电器。对于一门心思扑在工作上的孔祥瑞，妻子陈秀惠只是淡淡地说："祥瑞就是这样的一个人，对公事比家事上心。"这也是妻子最初看中他的地方。正是因为有了这样坚强的家庭后盾，孔祥瑞才能把更多的时间和精力放在工作上，把更多的爱心给予队中的同志和需要帮助的人们；才能在自己的工作岗位上不断取得佳绩，不断攀登高峰。

在妻子陈秀惠的眼中,孔祥瑞就连做梦都在工作,都在抢修门机。对于一门心思都放在码头上、放在工作上的孔祥瑞,妻子是又心疼又"恨"。一次,孔祥瑞连续在码头上忙了几天,回到家后,疲惫的他吃完饭便倒头就睡。这天楼上有家正在装修,电钻声嗡嗡作响,陈秀惠心疼熟睡的孔祥瑞,连忙上楼请人家先停一停。但是,当嗡嗡作响的电钻声停止的那一刻,孔祥瑞却一个激灵从床上坐了起来,睡眼蒙眬地喊着队友的名字问:"是不是门吊坏了?"弄得陈秀惠哭笑不得,说道:"早知道有响声你睡得踏实,我何苦跑上楼求人呢!"

2003年,又是一个寒冷的冬夜。一阵阵寒流掠过码头,孔祥瑞和固机队的队员们一如往常奋战在码头生产一线。当时正是冬煤抢运的关键时期,如果一台门机停止工作,影响的将不仅仅是一艘船舶的运营。为了确保安全生产,孔祥瑞带领着队员们正在进行6号门机更换变幅螺杆的工作,他们已经在码头上顶着寒冬的海风奋战了四天三夜。今天是大家奋战的第四个夜晚,各项准备工作就绪,更新的变幅螺杆即将开始装机,6号门机能否及时复工就在此一举。就在这时,孔祥瑞的电话响了起来,话筒的另一端传来的是妻子陈秀惠求助的声音。原来,当晚妻子去给住校的女儿孔莹莹送晚饭，因为走得匆忙，回到家门口才发现忘了带钥匙，无奈之下，她只好拨通了孔祥瑞的电话。"现在是关键时刻，我必须在现场，等我完事再回去！"说完，孔祥瑞挂断了电话，再次投入到工作之中。晚上11点，在6号门机变幅机构运转调试完成后，满身疲惫的孔祥瑞就立刻打车向家中奔去。当他回到家的时候，已经是凌晨时分。这时，妻子已经在寒冬时节的自

△ 孔祥瑞、陈秀惠夫妇

家门外独自等候了六个小时。妻子陈秀惠没有责怪孔祥瑞，因为她看到了丈夫眼中含着的泪花。

　　虽然夫妻二人相互理解、相互支持，但是也难免有牙齿碰到舌头的时候。妻子陈秀惠对孔祥瑞的理解也是逐渐加深的。这其中还经历了一个小小风波，那是发生在夫妻俩刚刚结婚不久的一段小插曲。一天，下班回家的陈秀惠精心准备了一桌孔祥瑞平时喜欢吃的饭菜，这在平时是不多见的。原来，那天孔祥瑞下白班，晚上8点多就能下班，不光下班时间比平时早而且第二天还歇班，小夫妻可以有一次难得的短暂团聚。可是，早已经过了孔祥瑞回家的时间，却依然不见丈夫的身影，陈秀惠有些坐不住了，那时候家里还没有电话，联系不便，她担心得一夜没睡。直到第二天上午11点多，一脸污垢、满身油污的孔祥瑞才出现在妻子面前。看见满脸焦虑的妻子，孔祥瑞连忙解释说，单位门机发生了故障，抢修了一夜。年轻气盛的陈秀惠当时又气又恨，心想，单位又不光你孔祥瑞一个人，你走了，还有别人。于是不由分说，就将孔祥瑞推到了门外。可是，当她平静下来，就立刻把一身疲惫的丈夫拉了回来，赶紧为他做饭。经过这次短暂的风波之后，不论孔祥瑞加班到几点，陈秀惠都会体谅他了。

➡ 爱言无声

★★★★★

　　一个人的精力总是有限的，孔祥瑞将全部精力都放在了自己热爱的工作之中，家中的一切都交给了妻子。是妻子陈秀惠的坚强，成就了今天的孔祥瑞。有了家庭坚强的后盾，孔祥瑞将更多的精力投入到工作之中，他才能成为"蓝领专家"；才能把更多的关爱给予队里的队员和那些需要帮助的人，他才能成为"贴心队长"。

　　由于工作繁忙，孔祥瑞的大部分时间都是"泡"在码头上面，照顾女儿的重担就自然落在了妻子陈秀惠的肩上。1999年的冬天，刚刚下了一场雪。陈秀惠骑着摩托车接女儿放学回家。但是由于刚刚下完雪路面十分光滑，陈秀惠和女儿孔莹莹一起从摩托车上重重地摔了下来，落在了结冰的路上。在路人的帮助下女儿被及时从冰冷的路面上抱了起来没有大碍，可陈秀惠的腿却被压在摩托车的下面。万幸的是，陈秀惠被及时送到了附近的医院救治。虽然没有生命危险，但是陈秀惠的右腿膝关节处软组织全部受损，需要住院进行治疗。家人很快将妻子出事的消息告诉了孔祥瑞，此时孔祥瑞正在码头现场，率领全队对门机进行技术改造，根本无法抽身前往医院照顾受伤的妻子。在电话听筒的另一端，孔祥瑞内疚地说自己实在离不开工作岗位："你就委屈点，等我把这些活儿忙完了，别说陪着你，天天背着你都行。"孔祥瑞只好请女儿的大姨到医院帮忙照顾住院的妻子。整整一个星期，在码头上忙碌的孔祥瑞没能抽出时间去医院护理妻子。躺在病床上的妻子因为放心不下年幼的女儿，还未痊愈就出院了。也正是因为陈秀惠提前出院，她的右腿落下了后遗症，走路吃不住劲儿。当时孔祥瑞一家住在六楼，每当看到妻子艰难地上下楼梯的样子，他每每都内心泛起愧疚。为此，他决定换房子，换一套有电梯、方便妻子上下楼的住房。年底，孔祥瑞一家乔迁新居。这套花费了夫妻俩多年来积蓄的新居位于天津市中环线附近，是一套带有电梯的二居室。搬进新居后，妻子上楼下楼就方便多了，那曾经受过伤的右腿也就能少受些痛楚。孔祥瑞默默地做着这些，用行动诠释着自己无声的爱，同时这对他来说也算是对妻子的一点回报。只要孔祥瑞歇班，早晨他都不忍心打扰梦乡中的妻女，他总会早早地起床、做饭，做完家务活再叫醒母女俩。即便工作再忙，孔祥瑞每个月总会尽量抽出时间带上母女俩上街逛逛。每当逛完街，看着意犹未尽的妻子，孔祥瑞都会说："等我退休了，一定带着你去旅游，你要是走不动了，我就背着你，我的腿就是你的腿。"但是，妻子知道他离不开心爱的码头。

夫妻两人刚刚结婚的那段时间，上有父母需要赡养，下有弟妹

△ 孔祥瑞与贤内助陈秀惠

需要抚养，加上都是刚刚步入工作岗位不久，工资收入有限，因此经济上比较拮据。上世纪八九十年代，随着经济发展水平的提高，大家的口袋都鼓了起来，青年女性之间悄然流行起了佩戴金银首饰的时尚。不久，陈秀惠单位里面的女同志们都纷纷戴起了金项链、金耳环等金银首饰，可唯独陈秀惠一件都没有。虽然妻子没有因为这些向自己抱怨过一句，但孔祥瑞却把这些都一一看在眼里，记在心头。一天，孔祥瑞兴冲冲地回到家里，因为他有一个好消息要告诉心爱的妻子。一进家门，孔祥瑞就告诉妻子有人送他一张可以购买金戒指的条子，比市价要便宜，只要600元，他打算买下来，送给整日操劳的妻子。可是陈秀惠的一句话，顿时让前一秒还兴冲冲的孔祥瑞泄了气。听到这个好消息后，陈秀惠很无奈地告诉丈夫家里目前没那么多钱，这个月只有不到380元钱，无奈之下他只得忍痛割爱将条子送给了别人，因为这件事孔祥瑞遗憾了很长一段时间。结婚20周年的那天早晨，快50岁的孔祥瑞像小孩子一样让妻子猜自己手里攥着什么。陈秀惠猜了几次也没猜对。有些沉不住气的孔祥瑞自己揭开了谜底，把攥得紧紧的大手张开，只见一枚亮晶晶的钻石戒指出现在孔祥瑞的手中。"把手伸出来，让老公我给你戴上。"当陈秀惠戴上这枚亮晶晶的钻戒的时候，热泪不由自主地夺眶而出，她仿佛透过这枚钻戒看到了孔祥瑞的心。脑海深处也响起了那首她最喜欢的歌："我能想到最浪漫的事，就是和你一起慢慢变老……"

→ 孝顺儿子

★★★★★

孔祥瑞是名副其实的大孝子。在经济上，他宁可自己节衣缩食，也要让老人衣食无忧。1972 年他刚参加工作时的月工资只有 17 元，他自己只留 2 元钱，剩下的全部交给母亲，贴补家用。改革开放之后，天津港鼓励员工多劳多得。孔祥瑞每天下班后都会继续加班多干几个小时，帮助家里挣取冬天的采暖费和夏天的空调费，好让年迈的母亲舒舒服服地度过严冬和酷夏。只要时间上允许，他都会抽出时间陪老人。

孔祥瑞对待岳父岳母跟对自己父母亲一样，俗话说"一个女婿半个儿"，但孔祥瑞这个姑爷当得比儿子还好。孔祥瑞的岳父身体不好，当年老人家瘫痪住院的时候，孔祥瑞忙里忙外伺候岳父，同病房的人都以为孔祥瑞是老人的亲生儿子。出院后，由于瘫痪在床，除了上医院检查和治疗外，孔祥瑞的岳父基本上从不外出。多年以来，孔祥瑞一直有个心愿，就是带老人家出去转转，看看天津城市日新月异的变化，可由于工作忙碌，这个心愿一直未能实现。一天，孔祥瑞兴冲冲地来到岳父岳母家说："我租了一辆车，带您二老转转变了样儿的天津。"说完他背起岳父往外走。三个人上车后，他对司机说："我们没有具体目标，您就朝天津变化大的地方拉，远近没关系，只要老人看着高兴就行。"听到孔祥瑞这番话，司机特别感动，就对两位老人说："您这儿子没白养，有这么个儿子给个金山也不换。"岳父岳母听到这话，心里面美滋滋的，也没去纠正司机。一路上，老两口开心地看着天津城市的变化。晚上，孔祥瑞特意在邓颖楼预订了一桌饭菜，点了许多岳父岳母喜爱的菜肴，饭后一家人还开心地唱了卡拉 OK。事后，老两口对女儿陈秀惠说："祥瑞这孩子真灵，我的心思没跟他说过，他是怎么知道的？得！有这回他带我逛，死也知足了。"老父亲更是感慨地说："没想到瘫痪这么多年了，我还能亲眼看到外面的世界，就算死也没有遗憾了。"

1997年，岳母的突然离世，让孔祥瑞心碎不已。岳母去世后，孔祥瑞更是把工作以外的全部精力放在了照顾瘫痪在床的岳父身上。只要孔祥瑞休班，他就给老人洗澡，帮老人洗衣服，还会陪着老人喝酒聊天。有一次休班，孔祥瑞照例去岳父家给老人洗澡、洗衣、做饭。傍晚，他安顿好岳父躺下后，便骑自行车回家。当孔祥瑞已经走出十多里路的时候，忽然天空下起了瓢泼大雨，他想起岳父家窗户没关好，就立刻冒雨赶了回去。关好窗户后，他担心老人在雷雨天会害怕，就又守在老人身边一夜。

有人问孔祥瑞："你这个姑爷当得比儿子还好，为嘛呢？""为嘛，为他们疼姑爷跟疼儿子一样。"为了让孔祥瑞夫妻安心工作，岳父岳母将外孙女孔莹莹接到身边照顾。每周周一女儿就被送到岳父岳母家，直到周六休息时夫妻俩才能把女儿接回来，享受一家三口的幸福时光。岳母为了帮孔祥瑞节省时间、免得绕远道，就和他约定两人在公共汽车站接送孩子。

婚后，孔祥瑞和陈秀惠双方家中的老人都年事已高，而且体弱多病，岳父因为瘫痪长年卧床。为了给老人治病，夫妻两人每月工资总是花得所剩无几。为了贴补家用，孔祥瑞经常加班加点挣奖金来补贴。同时，他还从自己身上尽量节省开支，他中午舍不得吃食堂，每天都自己带饭带菜，即便有时候在食堂吃饭，他也只买 3 元钱的素包子或 2 元钱的面条。岳母知道女婿这样节省，心疼不已。有一次，老人做鱼，就把肉最多的鱼中段悄悄地塞进了孔祥瑞的饭盒里，并且赶在孔祥瑞上班前把香喷喷的饭菜送到了车站。孔祥瑞拿着岳母送来的饭盒往单位走，可是刚走出不远，忽然想起有东西在岳父岳母家需要去取，就调头返回。他一

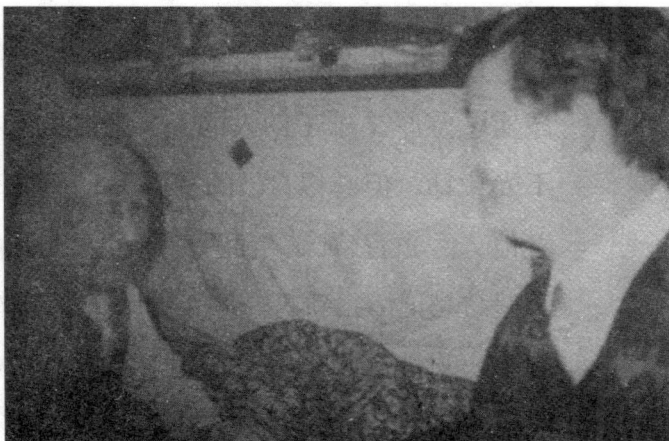

△ 孔祥瑞看望生病的岳父

进家门，看见两位老人和孩子正在吃饭。餐桌上盘子里却只有鱼头和鱼尾，当时孔祥瑞的双眼就模糊了。从那以后，孔祥瑞每次去看望岳父岳母都要带上他们最爱吃的鲙鱼，即使再贵也从不心疼。

➜ 好爸爸

★★★★★

在女儿孔莹莹的眼里，孔祥瑞是个诚实、憨厚又乐于助人的人，平时虽然不爱说话，但总以自己的实际行动感化着他人、教育自己。有两件事，女儿孔莹莹总是记忆犹新。1998 年的一个夏天，刚下夜班的孔祥瑞满身污渍、散发着垃圾堆的异味出现在自家的门口。这是怎么回事呢？当时孔祥瑞一家是住在河东区程林里一栋旧居民楼里面。这天，居民楼里面的垃圾通道发生了堵塞，垃圾已经从二楼一直堆积到了四楼。时值盛夏，腐败的垃圾不时散发着异味，弥漫在整个居民楼中。刚刚下夜班的孔祥瑞见此情景，不顾一夜的劳累，下到一楼，钻进了散发着刺鼻异味的垃圾道。当他钻进垃圾道后发现，有一个粗树枝被人扔进垃圾道，又有一件旧衣服搭在树枝上，造成了这次持续一天的堵塞。发现了"病因"，孔祥瑞分别从一楼和四楼上下疏通，堵塞了一天的垃圾一下子掉了下来，垃圾道疏通了。妻子陈秀惠一边让他换衣服，一边心疼地说："祥瑞，知道不知道你有高血压？上班又比别人累，要不为嘛家里有活我都不让你干。"孔祥瑞却笑着说："总得有人通，一人通全楼通，有嘛不好的。"还有一次，本应该下白班早早回家的孔祥瑞却过了晚上8点还没回家，家人见状都十分担心。后来等孔祥瑞回到家，一家人才知道，在孔祥瑞回家途经的道路上遇到一位倒在地上的老大娘，老人家十分痛苦地躺在地上。一些路人见状都怕遇到"碰瓷"便绕开了，可孔祥瑞见了立即走上前，一边安慰老人，一边与"110"联系，一直守在老人家身边直到110民警赶来，民警来了之后又联系了"120"救护车将老人送往医院。直到忙完这些孔祥瑞才带着疲惫回家。听完孔祥瑞的讲述，女儿莹莹担心地对父亲说，你要是遇上"碰瓷"的讹你怎么办? 可孔祥瑞却笑着对女儿说, 人都是有良心的, 只要你心放正了, 事做到那儿, 就什么也不怕。中国有句老话, 叫"老吾老以及人之老"。孔祥瑞用自己朴实的行动实践着这句话, 也对女儿起到了深刻的教育。

在女儿的童年记忆里, 孔祥瑞总是出门很早, 回来很晚, 节假日也常常去加班。一家三口团聚的日子不多, 孔祥瑞为女儿做的事情就更少。女儿小时候体弱多病, 每次都是妻子背着孩子去看病。女儿上学后, 孔祥瑞只去给孩子开过一次家长会, 还是在妻子陈秀惠一再坚持下才去的。长期的生活使妻子逐渐了解并谅解了一心忙于工作的孔祥瑞, 但是懵懂的孩子不理解这些, 曾有一段时间父女俩的关系降到了"冰点"。女儿孔莹莹 3 岁那年, 孔祥瑞一家搬到了飞机场附近。夫妻俩无论是上下班, 还是接送女儿都要骑很远路程的自行车。有一次, 妻子骑自行车带着女儿外出, 一不留神连车带人摔倒在地, 女儿的脚别到了自行车车辖辘里面, 当时流血不止, 而且还露出了白森森的骨头。一时间, 陈秀惠慌了手脚, 赶紧带着女儿坐车赶到骨科医院进行治疗。当时没有电话, 联系不便, 直到第二天孔祥瑞回到家中的时候才得知女儿受伤的事情。年幼的女儿好像记仇似的, 天真地认为父亲不管她、不爱她。从这次受伤后就很少跟孔祥瑞说话，女儿的功课也不给他看，对待他的态度也特别的冷淡。眼见父女关系降到了"冰点"，陈秀惠看在眼中，急在心里，她琢磨着一定要想出个圆满解决的办法。要想让年幼的女儿了解和体谅父亲，最好的办法就是让她零距离接触孔祥瑞的工作岗位和工作现场。一天，女儿放假，陈秀惠和女儿说要带她去塘沽玩儿。于是，女儿十分高兴地和母亲一起坐上了621路公共汽车向塘沽驶去。到了塘沽，陈秀惠提议和女儿一起去看看爸爸。女儿固执地说："看他干吗，他也不想咱。"陈秀惠微笑着说："咱们都来了，你还不看看？"于是，两人就赶往孔祥瑞工作的码头。

△ 幸福的一家三口

在年幼的孔莹莹眼中，码头上除了机器设备，就是各种大小船舶，还有的就是一阵阵带着咸味的海风。远远的母女两人看见了一个忙碌的身影，他拿着对讲机冲着海风大喊，又不时地用手臂指挥着机械为船舶装运黑晶晶的煤炭。当女儿走近爸爸的时候，孔祥瑞脸上满是煤灰和汗水，除了眼睛以外全是黑色的。这样的景象让女儿内心很受触动，从那一刻开始慢慢理解父亲，也主动地想更多地了解父亲和他的工作。大学毕业后，孔莹莹应聘到天津港联盟国家集装箱码头公司工作，成为了一名光荣的港口员工。和父亲在同一个码头上工作，孔莹莹感到既光荣又压力十足。父亲只是一名普通的码头工人，却能用自己的聪明才智和踏实苦干为国家和企业创造财富，自己是一名大学生，更应该最大限度地发挥自己的聪明才智为国家和企业多做贡献。

孔祥瑞平时非常节省，中午只吃 3 元钱的素包子或者 2 元钱的面条，没有吃完的烙饼也不舍得丢掉。对自己十分"吝啬"的孔祥瑞，对女儿却十分大方。女儿大学毕业时，论文中软件设计对电脑配置要求非常高，但是当时孔祥瑞家中只有一台老式家用计算机，满足不了女儿使用"用友 ERP"的需要。第二天，夫妻俩一大早就出了门，平时十分节省的他们花了 7000 元为女儿买回一台崭新的品牌电脑，而且还是最新的液晶屏。在一次采访中，当记者问孔祥瑞为什么对女儿会如此舍得，他十分平静地反问："哪一家的父母不疼爱自己的孩子呢？"还有一次，女儿要去看明星演唱会。可是一张门票就要450元钱，囊中羞涩的女儿向父亲求助。450元？一张门票就要450元钱，这个票价已超过了孔祥瑞可以承受的最高限度。"是45还是450？"孔祥瑞问了一句。"450。"女儿怯生生地告诉他。孔祥瑞没再说什么。一连几天，孔祥瑞也没有再提及演唱会的事情。女儿悄悄和母

▽ 全家人上网

亲说"没戏了"。演唱会前的一天晚上，孔祥瑞一进家门就立刻从裤兜里掏出两张演唱会的门票，递给女儿说："莹莹，让你妈陪你，自己去我不放心。"短短一句话，对女儿的关爱体现无遗。演唱会开始那天，孔祥瑞开车把母女俩送到现场，而自己却一直站在场外等着。当碰到熟人问他为什么不进去，他却笑着说："我不爱听通俗的，喜欢国粹京剧。"事后得知父亲的这个回答，女儿更加感动。她知道父爱是无法用钱来衡量的，但爸爸买票的这450块钱和短短的几句话语，却体现出他深深的父爱。

后　记

伟大出于平凡，知识造就人生

改革开放后是天津港这个昔日"天子渡口"飞速发展的时期，港口货物吞吐量由 1000 万吨到 2000 万吨用了 14 年，由 2000 万吨到 1 亿吨用了 13 年，而后每 3 年跨上一个亿吨台阶。2011 年货物吞吐量达到 4.53 亿吨，位居世界港口第四位。30 多年间的这一巨大飞跃不仅得益于改革开放，得益于科技进步，更得益于天津港拥有着一支高素质的员工队伍，特别是拥有一批掌握现代科技知识、富有创新精神的技术能手和"蓝领专家"，孔祥瑞就是其中的突出代表。

孔祥瑞常说："对国家要忠，对企业要爱，对朋友要诚，要融真情于企业，献爱心于职工。"这句话不仅仅说在口头，也落实在行动上面。他是天津港远近驰名的"门机大王"、"排障大王"、"蓝领专家"，他是队员们口中亲切的"贴心队长"。

知识经济时代的产业工人，需要具备怎样的素质？在创造社会财富的同时，如何实现自身价值？孔祥瑞为我们诠释了一个合格的答案。

全国劳动模范，全国优秀共产党员，中华技能大奖，"100位新中国成立以来感动中国人物"、全国十大高技能人才楷模、全国道德模范。

220多项技术革新，过亿元经济效益，"孔祥瑞操作法"，"孔祥瑞操作队"……

这份充满无数荣誉和惊人数字的答卷，不仅展示了当代知识型产业工人的风采，无可置疑的事实更证明了"伟大出于平凡，知识造就人生"这句话的真谛。

100位

新中国成立以来感动中国人物

丁晓兵　马万水　马永顺　马恒昌　马海德　中国女排五连冠群体

孔祥瑞　　孔繁森　　文花枝　　方永刚　　方红霄　　毛岸英

王　杰　　王　选　　王　瑛　　王乐义　　王有德　　王启民

王进喜　　王顺友　　邓平寿　　邓建军　　邓稼先　　丛　飞

包起帆　　史光柱　　史来贺　　叶　欣　　甘远志　　申纪兰

白芳礼　　任长霞　　刘文学　　刘英俊　　华罗庚　　向秀丽

廷·巴特尔　　许振超　　达吾提·阿西木　　邢燕子　　吴大观

吴仁宝　　吴天祥　　吴金印　　吴登云　　宋鱼水　　张　华

张云泉　　张秉贵　　张海迪　　时传祥　　李四光　　李春燕

李桂林和陆建芬夫妇　　李素芝　　李梦桃　　李登海　　杨利伟

杨怀远　　杨根思　　苏　宁　　谷文昌　　邰丽华　　邱少云

邱光华　　邱娥国　　陈景润　　麦贤得　　孟　泰　　孟二冬

林　浩　　林巧稚　　林秀贞　　欧阳海　　罗映珍　　罗健夫

罗盛教　　草原英雄小姐妹　　赵梦桃　　钟南山　　唐山十三农民

容国团　　徐　虎　　秦文贵　　袁隆平　　钱学森　　常香玉

黄继光　　彭加木　　焦裕禄　　蒋筑英　　谢延信　　韩素云

窦铁成　　赖　宁　　雷　锋　　谭　彦　　谭千秋　　谭竹青

樊锦诗

图书在版编目（CIP）数据

孔祥瑞 / 王新英，刘宇著. -- 长春：吉林文史出版社，
2012.9（2024.5重印）
（100位新中国成立以来感动中国人物）
ISBN 978-7-5472-1212-7

Ⅰ.①孔… Ⅱ.①王… ②刘… Ⅲ.①孔祥瑞－生平事迹－青
年读物②孔祥瑞－生平事迹－少年读物 Ⅳ.①K828.1-49

中国版本图书馆CIP数据核字(2012)第232149号

孔祥瑞

KONGXIANGRUI

著/ 王新英 刘宇

选题策划/ 王尔立 责任编辑/ 王尔立 李洁华 任玉茗

装帧设计/ 韩璘

出版发行/ 吉林文史出版社

地址/ 长春市福祉大路5788号 邮编/ 130118

电话/ 0431-81629363 传真/ 0431-86037589

印刷/ 天津海德伟业印务有限公司

版次/ 2012年10月第1版 2024年5月第5次印刷

开本/ 640mm×920mm 1/16

印张/ 9 字数/ 100千

书号/ ISBN 978-7-5472-1212-7

定价/ 29.80元